btb

Aus Freude am Lesen

btb

Buch

»Elf deutsche Eiertänze« heißt der Untertitel dieser amüsanten Nabelschau, mit der sich ein brillanter Störenfried um die komplexbeladene Nation bemüht. Keine Nörgeleien, kein Selbstmitleid, kein verschämter Blick auf Deutschland und die Deutschen, sondern ein ironiefreies: »So sind wir nicht!«. Oder etwa doch? Gerade will Joseph von Westphalen elegant und geschliffen anheben, seine »Volkskollegen« für Reisefreude, Spendenaffären und Politiker zu loben, die Gründlichkeit deutscher Vergangenheitsbewältigung und Selbstanklagen zu schätzen, die deutsche Liebe zu Dackel, Schäferhund und dem Schweinebraten aus ökologischer Bodenhaltung zu goutieren, herzlich über den deutschen Humor zu lachen – da passiert es …

Autor

Joseph von Westphalen, Jahrgang 1945, studierte Germanistik und Kunstgeschichte und wurde dann freier Schriftsteller und Journalist. Am liebsten zieht er literarisch über das her, was anderen teuer ist. Er erfand die Figur des Harry Duckwitz, Held der drei höchst erfolgreichen Romane »Im diplomatischen Dienst«, »Das schöne Leben«, »Die bösen Frauen«. Joseph von Westphalen lebt und arbeitet in München.

Joseph von Westphalen bei btb

Der Liebessalat. Roman (73148)
Das Zeitalter der Eidechse. Roman (72860)

Joseph von Westphalen

So sind wir nicht!

Elf deutsche Eiertänze

btb

Umwelthinweis:
Alle bedruckten Materialien dieses Taschenbuches sind chlorfrei und umweltschonend.

Der btb-Verlag ist ein Unternehmen der Verlagsgruppe Random House.

1. Auflage
Genehmigte Taschenbuchausgabe September 2004

Umschlaggestaltung: Design Team München
Umschlagfoto: Corbis/Dennis Blachut
Satz: IBV Satz- und Datentechnik GmbH, Berlin
EM · Herstellung: Augustin Wiesbeck
Made in Germany
ISBN 3-442-73008-2
www.btb-verlag.de

2. August 2000

Liebe Sara,

von zu Hause aus habe ich mich nicht mehr bei Dir melden können. Aus dem vage ins Auge gefaßten Treffen Anfang August wird nichts mehr. Wir müssen das auf September verschieben. Ich werde in angemessener Form und so stürmisch wie möglich Abbitte leisten.

Gestern gelang es mir nicht mehr, das Datum zu übersehen: der 1. August. Da wurde mir doch etwas mulmig. Am 15. muß das Manuskript meines neuen Buchs in Frankfurt im Verlag sein. Ich hoffe, es leuchtet auch Dir mit Deinem orientalischen Gemüt ein, daß ich nun etwas in Eile bin und grußlos abtauchen mußte. Du magst es nicht, wenn man Dich anruft und gleich dazusagt, man habe nur drei Minuten Zeit zum Telephonieren. Den Fehler wollte ich nicht noch einmal machen. Du magst es aber auch nicht, wenn Männer romantisch werden und stundenlang jammern, weil man sich nun sechs Wochen nicht sehen wird. Magst Du keine romantischen Männer, weil Dir das Romantische zu deutsch ist?

Ich habe mich blitzschnell und ohne Abschied nach Italien zurückgezogen, um hier in Windeseile dieses Buch über Deutschland und die Deutschen zu schreiben, das ich schon längst hätte schreiben sollen und das mir seit drei oder vier Jahren auf die Nerven geht. Das Ding wird »So sind wir nicht« heißen. Die Idee des Verlags war es seinerzeit, endlich einmal ein Buch herauszubringen, in dem einer ungeniert darlegt, was in Deutschland oder an Deutschland gut ist. Das hat mir eingeleuchtet. Immer, wenn ich seitdem von diesem Plan erzähle, gab es genug Stimmen, die mir abrieten. Das hat mich eher gereizt. Die ängstlichen Hinweise, ein solches Buch könne falsch verstanden werden, zeigen ja gerade, daß es an der Zeit wäre, sich zum Beispiel mal zu fragen, ob zwischen Rhein und Oder wirklich nur das schwerfällig vor sich hin sinnierende Volk der Mahner und Warner zu Hause ist oder ob es da nicht manchmal ganz erträglich ist.

Dir gegenüber habe ich das Buchprojekt gar nicht erst erwähnt, weil Dein Protest sicher vehement ist – und Deine Gewitter zu ertragen, habe ich nicht immer Lust und Kraft. Jetzt ist es für jeden Protest zu spät. Jetzt zieh ich das durch. Deutsches Durchziehen. Oder ziehen andere etwa auch ihre Sachen durch? Jetzt kann und will ich Dir davon erzählen. Mal sehen, was Du dazu sagen wirst. Das E-Mail-Zeitalter läßt mich auf Antwort hoffen.

Deutschland loben gewöhnlich nur Idioten. Und Leute aus dem Tourismusbereich, denen bleibt nichts anderes übrig. Aber Intellektuelle, die noch ihre Tassen im Schrank haben, werden kaum freundliche Worte finden für ihr Land und ihre Landsleute. Eben deswegen hat es was. Es ist fast schon eine kleine Marktlücke.

Landsleute – wie das klingt. Man sagt es ironisch, und doch ist es kaum erträglich. »Volkskollegen« könnte man sie vielleicht nennen, denn »Landsleute« ist nun wirklich eine Bezeichnung, die an »Landsmannschaft« erinnert und an »Landser« – lauter ziemlich erdige, schlammige, blutige deutsche Dinge. Da fängt es schon an. Weil vieles in Deutschland üble Erinnerungen weckt, ist man sprachlich dauernd am Ausweichen. Deswegen habe ich das Wort »Eiertänze« für meine Auslassungen vorgesehen. Wenn man als Deutscher über Deutschland oder über die Deutschen redet oder schreibt, ist es immer ein Herumeiern, auch wenn man neckisch das Wort

»Volkskollegen« erfindet. Oder gerade dann: Im Vermeiden von Wörtern mit unangenehmem Beigeschmack beginnt schon das Eiern.

Es geht einem bei deutschen Themen bald jedes Wort auf den Geist: der Deutsche, die Deutschen, das Deutsche – alles nervt. Das Wort »Deutschland« muffelt bereits, wenn man es innerhalb von einer Stunde mehr als dreimal hört. Bei dem Wort »Vaterland« kriegt man das Kotzen, bei »Heimat« einen Lachanfall. All das kann man zu einem Vorteil erklären.

Du kennst die Klischees: nachts um zwei in einer stillen, aufgeräumten Stadt. Kein Auto weit und breit. An einer Straßenkreuzung steht einsam ein fröstelnder Mensch. Er wartet. Er wartet darauf, daß die Ampel grün wird. Dann geht er weiter. Ein Deutscher natürlich! Die Deutschen, so heißt es, gehen bei Rot nicht über die Straße. Das ist ihr Obrigkeitsdenken, ihre Angst vor der Polizei. Auch legen die Deutschen Wert auf Sicherheit. Lieber auf Grün warten. Es könnte ein Auto kommen. Es könnte einen überfahren. Dann hätte man schuld. Dann hilft keine Lebensversicherung mehr, von der man als anständiger Deutscher zwei Dutzend abgeschlossen hat. Daher: Halt bei Rot!

So ist das internationale Klischee der Deutschen. Deines auch ein bißchen, Sara! Und diese bekanntlich fleißigen, folgsamen, um Internationalität bemühten und obendrein willigen Mitmacher haben nichts Besseres zu tun, als all diese Klischees selbst in aller Welt zu verbreiten. Selbstironie kann sie dabei kaum leiten, denn dazu sind die humorlosen Deutschen sozusagen genetisch nicht in der Lage. Das sagen sie von sich selbst, in ihrer deutschen Demut. Sind sie ein Volk von Masochisten? Oder sind die Deutschen gar nicht fleißig, sondern nur zu faul, die Bilder von sich zu korrigieren?

Sie könnten keine Revolution machen, die Deutschen, weil sie immer erst Bahnsteigkarten lösen müßten, sagte Lenin, der alte Sprücheklopfer. Es gibt seit Jahrzehnten keine Bahnsteigkarten mehr, und Lenins Weltverbesserungskonzepte haben sich nicht bewährt, aber die Legende vom Pflichterfüllungsdeutschen hat sich gehalten. Alles purer Unsinn. Wirklich subversive Kräfte besorgen sich immer Billetts. Unauffällig kann man wirksamer Widerstand leisten. Die russische Revolution wäre mit Bahnsteigkarten weniger unerfreulich verlaufen.

Gar nicht so einfach, über Deutschland und die Deutschen etwas zum besten zu geben, wenn man schon diese Worte mit Widerwillen benutzt. Wie soll man das Land nennen, wo man nun mal herkommt oder hineingeboren wurde? Allein, daß man sich solche Fragen stellen muß, ist belästigend. Die anderen haben weniger Probleme. Franzosen sagen »Frankreich«, Engländer »England«, und wenn sie das nicht sagen wollen, können sie »my country« sagen. Polen nennen es »Polen« und Ungarn »Ungarn«. Amis haben die Auswahl: Amerika, USA oder Vereinigte Staaten. Deutsche können sich mit Witzen behelfen: Wir kommen aus dem Land der Gartenzwerge: Schwarzwald, Porsche, Oktoberfest, Heidelberg, Sauerkraut... Wenn an den Was-wißt-ihr-über-Deutschland-Umfragen etwas dran ist, müßte nach Nennung solcher Stichwörter ein Leuchten der Erkenntnis das Gesicht des englischen oder amerikanischen Jugendlichen mit abgebrochener Grundschulausbildung erhellen. Er ahnt nun unsere Herkunft: Oh – Heil Hitler. Dann kommt vielleicht noch der Name eines gerade besonders populären deutschen Fußballers. Um dieses simple Bild von Deutschland ein wenig zu erweitern, kämpfen die Goetheinstitute in aller Welt gegen ihre Schließung, laden nur die besten deutschen Dichter ein und werden melancholisch, weil wieder mal nur die üblichen sieben Besucher zur feierlichen Lesung kamen.

Bis 1989 sprachen nur ziemlich reaktionäre Figuren von »Deutschland«. Von 1933 bis 1945 hatten das Wort »Deutschland« und alle sonstigen »Deutsch«-Wortverbindungen einen Klang angenommen, den ein normaler Mensch nachher nicht mehr ertragen konnte. Auch die Nachgeborenen hatten dank einer Fülle von Ton- und Filmdokumenten diese Worte nur so im Ohr, wie sie von den Nazis orgastisch gekeucht, gegurrt, geknurrt, geblökt, gebellt, gekreischt, gehechelt, geschnaubt und gegrunzt wurden: Deutschland. Das deutsche Volk. Der deutsche Mensch. Der deutsche Mann. Die deutsche Frau. Der deutsche Junge. Das deutsche Mädel. Die deutsche Heimat. Das deutsche Vaterland. Der deutsche Soldat. Der deutsche Gruß. – Obwohl dies hier ein ziemlich deutscher Brief wird, werde ich am Schluß nicht ein »Mit deutschem Gruß« darunter setzen können. Die Nazis haben dafür gesorgt, daß sogar die deutsche Ironie ihre Grenzen hat.

Nach 1945 bestand das Möchtegernweltreich eine Weile aus besetzten Zonen. Die Leute waren anfangs ziemlich kleinlaut und hatten andere Sorgen als nationale Identitätsprobleme. Aus der von den Sowjets besetzten Zone wurde die DDR, die von den westlichen Alliierten besetzten Zonen wurden die BRD. Wer »Deutschland« sagte, der gab zu erkennen, daß er mit dieser Aufteilung nicht einverstanden war. Das war verdächtig altnazihaft, reaktionär, bestenfalls gestrig. Schließlich existierten zwei deutsche Staaten, und das erkannte nicht an, wer von »Deutschland« sprach. Es gab genug solcher Gestalten. Ab 1968 wurde »Deutschland« für die bewegten Studenten vollends zum Unwort. Im Osten nuschelten sie meist unvergleichlich sächsisch etwas von den »Bürgern der Deutschen Demokratischen Republik«, und auch im Westen hatte man nicht die Last, ein Deutscher zu sein. Man war Bundesbürger. Deutschland war die BRD plus Westberlin. »Westberlin« schrieb man gern zusammen als ein Wort, weil man die geteilte Stadt als eine feste Tatsache akzeptierte. Man sprach von »Bundesrepublik«, ließ das »Deutschland« weg und fühlte sich wohl dabei. Im Ausland sagte man gern, man sei aus Frankfurt, Hamburg, München, Köln oder eben Westberlin und überließ es der Bildung der Frager, in welchem Land diese Orte liegen.

1989 drangen plötzlich aus dem Osten brünstige Rufe nach einem vereinten Deutschland, nach der Deutschen Mark und einem vereinten deutschen Volk über die poröse Mauer. Das Geschrei und das massenhafte Schwenken der schwarzrotgelben Fahne war für die konservativen Bundesbürger eine triumphale Bestätigung. Für links angehauchte Individuen war der Schock weit größer als die Freude. Denn es war klar, daß bald Schluß sein würde mit dem angenehm undeutschen Dasein als Bundesbürger. Man würde über kurz oder lang wieder ein Deutscher aus Deutschland sein. Unerfreuliche Aussichten. Das war hart.

Pardon, jetzt ist mir tatsächlich ein historischer Rückblick unterlaufen. Ich wollte Dich nicht belehren. Du kennst meine Methode: Ich schreibe Briefe über ein Buch, das ich schreiben muß, und nähere mich dabei dem Thema. Briefe schreibe ich gern, leicht und schnell. Es ist für mich der ideale Anlauf. Wenn das Hirn eine Maschine ist, dann kommt diese Maschine beim Briefschreiben auf Touren. Früher waren die Briefe dann weggeschickt. Kopien machen war mir zu eitel. Schön blöd. Seitdem ich mit einem Computer tippe, kann ich meine eigenen Briefe bequem plündern. Bei Romanen geht es nicht so gut. Briefe über den Roman treiben die Handlung weiter, aber die Formulierungen zu einem Roman kann man in dem Roman selbst kaum verwenden. Bei diesem essayistischen So-sind-wir-nicht-Buch hoffe ich, Teile der Briefe in die Essays hinüberschmuggeln zu können und Zeit zu sparen. Ich werde auch noch ein paar anderen Leuten schreiben. Ich muß mir verschiedene Leser vorstellen. (Was sagst Du dazu, daß Du mir nicht reichst? Ich freue mich schon auf Deine Rache.)

Heute ist der 2. August. Mein Plan: heute, morgen und übermorgen Tag und Nacht Briefe schreiben. Am 5. August dann mit dem Buch beginnen. Bis dahin müßte ich so in Fahrt sein, daß ich zehn Seiten am Tag schaffe. Vom 5. bis einschließlich 15. August sind es genau elf Tage. Jeden Tag einen deutschen Eiertanz von etwa zehn Seiten – und ich bin fertig. So 100 bis 120 Seiten sind verabredet. Mehr will ich über Deutschland nicht von mir geben. Warum es ausgerechnet elf Eiertänze sein sollen, weiß ich nicht mehr. Es ist so seit langem ausgemacht und angekündigt. Möglicherweise dachte man damals an einen meiner Romane: Das Liebespaar trennt sich für elf Monate, er jammert, und sie sagt: Wieso, die Elf ist doch eine schöne, geile, zackige Zahl! Der Verlag fand elf gut, weil er hofft, daß die Leute bei »elf« instinktiv an Fußball denken. Mag sein, daß es bei den vielen Millionen von Fußballverrückten ein paar gibt, die so fußballbesessen sind, daß sie jedes Buch haben müssen, wo »elf« draufsteht. Eine besonders aparte Vorstellung, da ich zu den ganz wenigen nicht nur Deutschen, sondern Erdenbürgern gehöre, die noch nie in ihrem Leben ein Fußballspiel gesehen haben und wohl auch nie eines sehen werden. Ich verzettle mich! Ich muß zurück zum Thema Deutschland und merke schon, das gefällt mir nicht. Zum deutschen Fußball werde ich mich kaum äußern können – obwohl, diese nette Niederlage neulich ließe sich vielleicht zu einem kleinen Deutschlandlob ummünzen.

Es ist mir nicht recht klar, was der Verlag für einen Inhalt erwartet. Alles so lange her. Anrufen mag ich nicht. Die denken doch, ich bin fast fertig. In der Lage will ich keinen Kontakt. Ich müßte lügen. Ich lüge gern, aber nicht, wenn ich noch gar nichts habe. Wenn ich sechs Seiten habe, lüge ich glatt, daß es sechzig sind. Bei null Seiten bin ich nicht so dreist. Der Lektor, der das Buch anregte, lebt nicht mehr. Er hat sich das Leben genommen. Keiner weiß, warum. An einem frostigen Wintertag hat er ein Fläschchen geleert und sich dann ins Freie gesetzt. Erfrieren soll ein milder Tod sein. Das wußte er. Ich kannte ihn kaum. Ihm will ich es recht machen. Möglichst undeutsch-geistvoll-geschliffene Miniaturen sollen es vermutlich sein, Sachen, die sich für ein nettes Geschenkbüchlein eignen, das Deutsche mitbringen können, wenn sie bei deutschsprechenden Nichtdeutschen eingeladen sind: So sind wir nicht! Der Abend kann doch nur nett werden. Deutsche Sitten und Gebräuche vielleicht, elf an der Zahl, natürlich hübsch aufgespießt, fein säuberlich der Reihe nach. Deutschland am Spieß. Spießerdeutschland. Uns und den anderen klarmachen, wie wir sind. Daß eben Gartenzwerg und Schäferhund nicht mehr die typischen Symbole Deutschlands sind, sondern aufgeregte Rentner, die auf Bahnhöfen umherirren, weil sie wegen des verspäteten ICEs ihren Anschlußzug nicht mehr erreicht haben.

Natürlich habe ich einen Ordner angelegt, allerdings keinen deutschen Leitzordner, sondern mit dem Computer, so ein kleines niedliches Ordnersymbol, in das man unendliche Massen von Dateien hineinstopfen kann. Im Laufe der Zeit habe ich allerlei Einfälle notiert, Dateien angelegt und in diesen Ordner verfrachtet, der mich seit Jahren ärgert, weil ich ihn »Deutsch!« genannt habe – auch, um mich zu ärgern. Jetzt klicke ich das Ding an und sehe zu meinem Schrecken: 94 Dateien mit über 400 000 Bytes allein im Jahr 1998. 1999 noch mehr, 1997 auch schon konfuse Entwürfe – sinnlos: Das alles auch zu überfliegen würde länger dauern, als das ganze Buch zu schreiben. Die Dateien heißen: »taktlos«, »Ladenschluß«, »Nörgler«, »blond«, »Pünktlichkeit«, »wer schunkelt?«, »Tüftler«, »Ökoarsch«, »Polizei«, »Asyl«, »deutscher Charme?«, »Spaß muß sein!«, »Reue«, »jüdische Freunde«. Und so weiter. Dutzende solcher wenig erfreulichen Stichworte, zu denen ich mir irgendwann beiläufig habe etwas einfallen lassen und die mich heute keinesfalls zum Einsehen dieser alten Einfälle animieren. »Kein Erdbeben« und »Keine Skorpione« entdecke ich, das habe ich offenbar bei einem anderen Italienaufenthalt notiert. Hier im Süden, wo ich gerne schreibe, habe ich schon einmal mit dem Buch anfangen wollen. Fern der Heimat, dachte ich, erscheint mir eben diese lobenswerter. Es hatte nicht funktioniert. Die Stichworte »Weihnachten« entdecke ich, »Urlaub« und »Schweinebraten«. Zu letzterem könnte ich mir versuchshalber etwas einfallen lassen, einen kurzen Abriß des deutschen Schweinebratens sozusagen:

Der Legende und der Statistik nach ist der Deutsche ein großer Schweinebratenesser. Er ißt so viel Schweinefleisch, daß manche Deutsche schon wie Schweine aussehen. Es gibt allerdings auch Vermutungen, wonach Belgier, Holländer, Schweden, Kanadier und US-Amerikaner, gelegentlich auch Engländer und vereinzelt Franzosen dieses unvorteilhafte Äußere angenommen haben und quasi wie Schweinsdeutsche aussehen. Unter einem deutschen Schweinebraten par excellence stellt man sich ein unflätiges Gericht vor, das von einer George-Grosz-Figur vertilgt wird. Das alles ist lange her. So aber sind die Deutschen nicht mehr. Nachdem die Schweine in den fortschrittsgläubigen 60er und 70er Jahren immer mehr Hormone und immer mehr Rippen bekamen, wurde das Fleisch immer fader und wattiger. Nach einigen Jahren fiel das dem deutschen Schweinebratenesser auf, und er begann, auf andere Gerichte auszuweichen. Dann ging der Deutsche in sich und erfand das Ökoschwein mit der normalen Rippenanzahl. Das Fleisch des Ökoschweins ist fest, ja kernig, entsprechend der Braten. Kaum sonstwo auf der Welt werden so viele hormonfreie Ökoschweinprodukte angeboten wie in Deutschland. Mit seinem entgegen mancher negativen Vorurteile durchaus vorhandenen Hang zur Selbstironie spottet der Deutsche gern über seine Neigung zum Öko- oder Biobraten, erträgt auch geduldig den Spott vor allem des Franzosen, der die Wonnen der Ökokost erst langsam zu entdecken beginnt. Viele Deutsche glauben, daß Juden, die er gern »jüdische Mitbürger« nennt, vom Anblick des Schweinebratens übel wird. Kommt es in Gegenwart von Juden versehentlich zu einer Schweinebratenbestellung, reagiert der Deutsche oft panisch und trägt mit konfusen Fragen zur Erheiterung der jüdischen Tischgenossen bei: »Es macht mir nichts aus«, sagt er erschrocken, »dieses Gericht gegen ein anderes umzutauschen.« Tatsächlich gibt es Deutsche, die in Gegenwart von Juden das Wort »Schweinebraten« nicht auszusprechen wagen oder die, wenn es sich nicht vermeiden läßt, dabei schweinchenrosa erröten. Es ist im Zuge der deutsch-jüdischen Versöhnungsbemühungen schon oft genug vorgekommen, daß Juden in Gegenwart von Deutschen einen knusprigen Schweinebraten verzehrten, um ihnen zu zeigen, daß sie sehr wohl zum lustvollen Ignorieren religiöser Gebote in der Lage sind.

So könnte eine So-sind-wir-nicht-Passage über den Deutschen und seinen Schweinebraten aussehen. Befriedigt mich wenig. Weg vom Schwein. Ich will erst noch mal wieder zu meinem historischen Abriß zurück: Gute zehn Jahre sind seit dem Wiedervereinigungszirkus vergangen. Langsam werden die Worte »Bundesrepublik« und »Bundesbürger« und »Bundeshauptstadt« gestrig. Man gewöhnt sich an die ungeliebte, knautschige, nicht gerade wohltönende, irgendwie teigige, ja fast faulige Silbe – »deutsch«. Das klingt ein bißchen wie eine wurmstichige Pflaume, die auf den Boden fällt: klatsch, platsch, matsch, futsch, rutsch, ätsch, deutsch. Zum Glück klingt es in anderen Sprachen besser: german, allemand, tedesco. Wie gut haben es die Italiener: sono italiano. Und wenn die Engländer sagen, sie kämen »from Great Britain«, so klingt diese imperiale Fanfare immer noch bescheidener als das Geständnis, man sei aus Deutschland. Mittlerweile aber hat man sich daran gewöhnt. Es ist so bequem. Alles ist mit einem Wort gesagt.

Normal aber ist das Verhältnis der ehemaligen Bundesbürger und der ehemaligen Bürger der DDR zu ihrem neuen Gemeinschaftsland, zu sich selbst und ihrer nationalen Identität und zum Rest der Welt noch lange nicht. Soll es übrigens auch nicht sein. Wer Normalität für Deutschland und die Deutschen fordert, kriegt eine auf den Deckel, denn das ist nicht korrekt. Eine Nation, die zwölf Jahre lang so massenhaft monströs war, kann nie wieder normal sein, lautet die Botschaft. Da ist was dran.

Es ist ein verdammtes Unding, daß immer die Verbrecher im Mittelpunkt stehen – und ihre Opfer am Rand. Ob heimtückische Raubmörder, besonders brutale Vergewaltiger, eifersüchtige Rivalentotschläger oder gewissenlose Massenschlächter – sie sind es, von denen man raunt. Von ihren Opfern redet kein Mensch. Wer interessiert sich für einen Menschen, der seit einem Überfall humpelt und dessen Gesicht seitdem von einer schrecklichen Verletzung verunstaltet ist? Um den Täter aber reißen sich Anwälte und Psychologen, wenn er nur grausam und spektakulär genug zur Sache ging. An seinen Motiven läßt sich allerlei erforschen. Er wird immer mehr zur Hauptfigur. Er hat tragisch gefehlt. Wird er bereuen, wird seine Resozialisation gelingen? Das Böse ist faszinierend.

Interessenten blicken seit Jahrzehnten gespannt auf Deutschland. Wie kommen diese Typen mit der Schuld ihrer Väter klar? Wie mit den aufflackernden Spätfolgen der Nazidemenz? Im großen und ganzen gehen sie mit den enormen Verbrechen ihrer Vergangenheit akzeptabel um. Trotzdem liegt ein gemeines Unrecht in der Tatsache, daß diesem stinknormalen Spießerland durch ein anomales Verbrechen eine besondere Beachtung zugekommen ist. Durch seine eifrige Vergangenheitsaufarbeiterei kann sich Deutschland wichtiger und beliebter machen als jedes andere Land. Wenn die Deutschen aufhören würden, sich an die Brust zu klopfen, wäre das ein Skandal. Solange sie das aber tun, verbirgt sich nolens volens hinter all den beflissenen deutschen Schuldbekenntnissen und Selbstbezichtigungen die ärgerliche und irgendwie auch skandalöse Wichtigtuerei des ehemaligen Starverbrechers, der einmal der Schlimmste von allen war. Die Kinder der Nazischlächter hatten ihre tragische individuelle Schuldgeschichte, die Nachkommen der von den Nazis ermordeten Juden verloren mit ihren Angehörigen meist auch deren Geschichte in der Anonymität der Konzentrationslager. Ein Mahnmal, wie es jetzt in Berlin errichtet wird, kann nur an die Opfer erinnern, die individuellen Geschichten der Opfer aber sind verloren.

Ich kann gut die Juden verstehen, die die dauernde notwendige Beachtung des Tätervolks rasend ärgert, die deswegen auf den Deutschen herumsticheln und sich daran weiden, wenn die sich nicht wehren, weil sie Angst haben, das könnte als antisemitisch empfunden werden. Wenn die jüdische Religion nicht wäre, die ich sowenig ausstehen kann wie das Christentum oder irgendeine andere Religion, wäre ich manchmal gern Jude, um die Deutschen besser quälen zu können. So bleibt mir nur die Selbstquälerei, und die, nehme ich an, ist wieder mal typisch deutsch.

Als braver Intellektueller leidet man unter seinem Land, entschuldigt sich dafür und hackt darauf herum. Ich habe bisher bei dieser beliebten Disziplin oft und fleißig mitgemacht. So sind wir eben – und nicht nur wir. Andere auch. Schweizer, die nicht auf die Schweiz, Juden, die nicht auf Israel schimpfen, sind verdächtig. Nur die Amis sind mit nationalen Selbstbezichtigungen zurückhaltend. Die sind noch zu jung. Neigung zur nationalen Selbstverachtung ist ein Kulturgut, das sich vermutlich erst nach einer Weile in einem Volk entwickeln kann.

Trotzdem: Diese speziellen deutschen Selbstbezichtigungsklischees führen nicht weiter. Sie sind grämlich und verlogen. Ich will Deutschland auf diese Weise nicht mehr als ein Land attackieren, in dem ein vernünftiger Mensch eigentlich nicht leben dürfte. Ich will seine erfreulichen Seiten zeigen und es als einen Raum darstellen, in dem es sich aushalten läßt. Beim Anblick eines englischen Spießerwohnzimmers in Nottingham zieht es einem noch mehr die Schuhe aus als bei einem in Dortmund, und die französischen Gartenzwerge sind noch schlimmer als die deutschen. Was meinst Du, Sara?

5. August 2000

Liebe Rosa,

Sara scheint Dir von meinem Buchprojekt erzählt zu haben. Ich habe ihr lang und breit darüber geschrieben, und sie hat per E-Mail derart rasch und raubtierartig zurückgefaucht, daß ich erst wankelmütig, dann aber um so deutsch-standhafter geworden bin. Sie besaß die Unverschämtheit, mich in ihrer Antwort »Hartmut von Deutschmann« zu nennen.

Wieder mal typisch, schrieb sie, daß ich mir bei einer jüdischen Freundin Rückversicherung für ein so dämliches deutsches Projekt abholen wolle. Sie dächte nicht daran, mir die Absolution zu erteilen. Sie warnte mich. Mit dem Buch werde ich mir keinen Gefallen tun, nur Beifall von der falschen Seite kriegen, undsoweiter.

Ein Wunder, daß sie mich nicht gleich einen verkappten Neonazi genannt hat. Sie ist unerträglich streng in dieser Hinsicht. Ich hätte es wissen müssen und nicht sie, sondern gleich Dich einweihen sollen. Einmal habe ich mich ein halbes Jahr mit Sara herumgestritten, weil sich in einem Roman von mir der Held in eine Frau namens Grünberg verliebt und ein bißchen hofft, das sei eine Jüdin. Ist sie aber nicht. Sie lacht, als sie das erfährt, und sagt: Tut mir leid, daß ich nicht deine Wiedergutmachungsjüdin sein kann. Ich empfand die Stelle als eine lustige Spitze gegen den Philosemitismus der Altlinken. Aber Sara lachte nicht. Sie meinte, das sei nicht nur der Tick meines Romanhelden, sondern auch meiner, und sie habe keine Lust, meine Wiedergutmachungsjüdin zu sein. Tschüß. Fast wäre sie aus meinem Leben verschwunden.

Obwohl sie geschäftstüchtig ist, nahm sie mir krumm, daß ich von einer »Marktlücke« sprach, in die das Buch vielleicht passen könnte. Wenn die Marktlücke genügend Gewinn verspräche, höhnte sie, würde ich wohl auch ein Buch über die Schönheiten des Voralpenlandes und seiner netten fremdenfreundlichen Bewohner schreiben. Außerdem stieß sie sich an meiner Formulierung, es solle ein Buch werden, in dem endlich einmal ungeniert Deutschland gelobt werde. Wenn es um Deutschland geht, verliert Sara jeden Sinn für Ironie. Das klinge ihr zu forsch nach: »Wir sind wieder wer!« schrieb sie. Nach: »Wir haben Grund, stolz auf uns zu sein!« Nach: »Es ist so weit, daß man das wieder sagen kann! Laut und deutlich! Endlich!« Das klinge so widerlich aufgeweckt. Deutschland hebt den Kopf und ist aufgewacht. So klinge das für sie. Bedrohlich. Da müsse sie an das Deutschland-erwache-Gebrüll der Nazis denken. In dem Zusammenhang habe sie auch mit dem Wort »endlich« ihre Schwierigkeiten, da höre sie die »Endlösung« heraus.

Sie argumentierte eigentlich nicht jüdisch, sondern wie ein bekloppter Deutscher, der Angst vor jüdischen Vorwürfen hat. Recht hat sie mit dem Hinweis, dieses Buch, wenn ich denn so blöd sei, es zu schreiben, werde mit Sicherheit kein »ungeniertes« Loblied auf Deutschland werden, sondern eines, dem man in jeder Zeile anmerken werde, wie sehr der Autor sich seines Lobs geniert. Genau. Natürlich muß man sich genieren. Genau diese deutsche Verdrehtheit finde ich mittlerweile gut. Besser geniert und ironisch zu loben, als ungeniert zu tadeln, wie die meisten meiner intellektuellen Volksgenossen. Unter anderem das macht es hier erträglich: daß man kein ungeniertes Verhältnis zu seinem Dingsbums hat – na, wie nennt man es … zu seinem – sagen wir in dem Fall spaßeshalber mal »Vaterland«.

D'accord, wenn man Deutschland abscheulich finden will, aber dann braucht man gute, neue Argumente. Die Klischees, die zu seiner Verurteilung benutzt werden, kann ich nicht mehr hören. Diese Ladenhütervorwürfe: Die Deutschen sind arbeitsame, pflichtbesessene, unfreundliche, schlecht Auto fahrende Verbotsbefolger ohne Humor, obrigkeitstreue den Rasen-nicht-Betreter. Und so weiter. Willkommen im Land der Leitzordner, wo alle Menschen Schweinsköpfe haben. Und schon sind wir beim Holocaust als dem Beweis, daß deutsche Gründlichkeit ein nationaler Wesenszug ist, der vor nichts haltmacht.

Keiner wagt zu sagen, was in Deutschland ganz gut ist. Daher hatte der Verlag ursprünglich als Titel geplant: »Was ist gut an Deutschland«. Das war mir dann doch zu dreist und direkt. Dazu war ich mir zu fein. Das klang in meinen Ohren auch wie: »Wo unsere Heimat am schönsten ist« oder »Die hundert herrlichsten Fahrradtouren im Ruhrgebiet«. Wie: »Preiswert übernachten am romantischen Rhein« oder »Aus deutschen Landen frisch auf den Tisch«. Diesen abgeschmetterten Titel habe ich Sara vorsichtshalber gar nicht erst mitgeteilt.

Ich stehe nicht im Verdacht, ein national denkender Autor zu sein, und so alt bin ich auch noch nicht, daß ein Rechtsruck-Gesinnungswandel von mir zu erwarten wäre. So gesehen, würde ich wohl auch den saublöden Titel »Was ist gut an Deutschland« aushalten, der den Vorteil hätte, daß man als Antwort erwartete: Nichts! Das aber wäre eine falsche Erwartung. Denn gelobt werden wird wirklich. Das habe ich fest vor: Deutschland ein bißchen Lob in die Schnauze drücken.

So sind wir nicht! Ich werde Land und Leute zur Abwechslung mal etwas verteidigen, gegen die Klischee-Attacken, die nach meiner Einschätzung mehr von innen heraus als von außen kommen. Mittlerweile sind es vor allem die Deutschen selbst, die sich unerträglich finden. Die anderen haben gar nicht mehr so viel gegen unser Völkchen.

Zwar gehöre ich selbst passeportmäßig dazu, aber es ist keine Floskel, wenn ich versichere, daß einem als Schriftsteller ein Gefühl der Zugehörigkeit zu einem Laden wie dem einer Nation ziemlich fremd ist. Bei dem Titel »So sind wir nicht« denke ich als braver Mann bei dem »wir« an mich selbst zuletzt. Ich komme mir eher vor wie ein abgefuckter Pflichtverteidiger, der gegen ein mageres Honorar ohne allzuviel Einsatz ein paar gute Worte für seine ihm reichlich suspekte Mandantschaft sich abzuringen bereit ist.

Rosa! Vielleicht kannst Du Deine Schwester Sara überzeugen, daß ich nicht übergeschnappt hin. Sie lebt schließlich auch in diesem Land hier. Sie soll froh sein, daß ich sie nicht mit meinen sarkastischen Überlegungen traktiere, warum sie das tut. Ich weiß, daß Du nicht verstehen willst, warum sie hier lebt. Bei dem Antisemitismus! Du solltest Sara sehen, wie sie zur Furie wird, wenn sie Antisemitismus wittert. Es ist wunderbar, wie sie faucht und zischt und drei Dutzend brave Deutsche in die Enge treibt. Ein Bild für die Götter. Warum sollte sie nicht hier leben! Sähe ich so gut aus und wäre ich jüdisch, wollte ich unbedingt in Deutschland leben, schon um Gelegenheit zu haben, ab und zu den Racheengel zu spielen.

6. August 2000

Liebe Sara,

gestern habe ich schon Deiner Schwester geschrieben und mich bei ihr über das harte Leben als Dein Verehrer beklagt. Um Dich mit meinem Deutschlandbuch zu versöhnen, das Du mir trotz Deines Zeterns noch nicht hast ausreden können, oder auch um Dich noch mehr zu verstimmen, teile ich Dir ein paar Überlegungen mit, die die Harmlosigkeit und Liebenswürdigkeit Deutschlands unterstreichen sollen. Es geht um die Deutschen und ihre Hunde. Das wird Dich kaum interessieren. Es ist Dir nicht politisch genug. Ich schreibe es aus purer Selbstsucht, um dabei vielleicht Flicken für das Buch zu produzieren. Ich werde ein bißchen nervös, weil ich meinen Zeitplan nicht einhalte. Aber der moderne Neudeutsche ist eben nicht mehr so pünktlich. Siehe die Deutsche Bundesbahn mit ihrem ICE als stolzem Hightech-Symbol. Entgleisungen, Schieflagen, Verspätungen. Danach Entschuldigungen, Reue, Trauerarbeit. Die italienischen Züge sind pünktlich, und die Fahrkarten sind unglaublich billig, verglichen mit den Zugpreisen im heimatlichen Ökoland, das doch dauernd etwas gegen den stinkigen Auto-Individualverkehr tun will. Wenn ich Fantasy-Autor wäre, würde ich in einem satirischen Roman Deutschland »Ökomanien« nennen.

Ich komme nicht in den nötigen Buchschreibe-Schwung, obwohl ich unentwegt die Tastatur meines Laptops bearbeite.

Froh bin ich, daß Du mich bei dieser emsigen Verrichtung nicht sehen kannst. Ich mag meinen Fleiß natürlich nicht, weil er so deutsch ist. Obwohl George Simenon ja noch viel, viel schneller war. Concorde gegen ICE.

Vor allem der deutsche Schäferhund gilt weltweit als ein nationales Markenzeichen Deutschlands, gegen das zu klagen Du nicht müde wirst und dessen Verteidigung ich in meinem Buch vielleicht übernehmen werde. Alles nicht wahr. Mein mißratener Mandant sieht es ganz anders – und in diesem Fall scheint er nicht ganz unrecht zu haben. Ehe ich auf die antideutschen Hundevorurteile eingehe, mußt Du mir, strenge Sara, Du Vorsitzende des Hohen Internationalen Gerichts, vorab einige allgemeine Hinweise erlauben. Die meisten antideutschen Klischees werden von den Deutschen selbst in gebetsmühlenartiger Selbstanklage gepflegt: Wir sind so unfreundlich, wir sind so schrecklich pflichtbewußt, so pünktlich, fleißig, sauber, so ordentlich und natürlich so fremdenfeindlich. Und so obrigkeitshörig. Wir haben keinen Humor, können keine lesbaren Bücher schreiben und verdrängen unsere Vergangenheit.

Wenn Du einem vernünftigen Deutschen all diese negativen Eigenschaften vorhältst, wird er sofort reumütig beipflichten: Ach ja, Sie haben recht. Er wird nicht mehr »Jawohl!« sagen oder gar noch strammdeutscher: »Jawoll!« Das ist vorbei. Wenn Du es ihm dringlich genug unterstellst, wird er Dir zwar gestehen, daß er ein verkappter Militarist sei. Aber das stimmt längst nicht mehr. Nicht ohne Grund sind »Jawohl!« und »Jawoll!« aus dem deutschen Wortschatz verschwunden. In einer Art Zivilvariante tauchen sie bei Managerschulungen wieder auf.

»Ach ja!« seufzt der neue Deutsche. Vor allem, wenn es um nationale oder auch multinationale Angelegenheiten geht, sagt er gerne »ach«: Ach, wir Deutschen! Ach, die Berliner! Aber auch: Ach, die Belgier! Ach, die Engländer! Ach, Europa! Wenn es überhaupt so etwas gibt wie einen neuen deutschen Nationalruf, dann ist es dieses verlegene, etwas unschlüssige »Ach!«.

Ich ahne, strenge Richterin, was Du einwerfen willst: Der Deutsche schwenkt brüllend seine Fahne, keine Spur von einem verlegenen »Ach!«. Ich bitte um Gehör, Hohes Gericht, ich bitte in echter deutscher Demut. Vielleicht habe ich später noch einmal Gelegenheit, auf die Frage zurückzukommen, warum mein Mandant die gegen ihn gerichteten Vorurteile der anderen selbst so gern pflegt. Vorweg glaube ich nicht, daß das eine typisch deutsche Eigenschaft ist. Es gibt genug Engländer, Franzosen, Spanier und Leute aus 130 oder 170 oder wie viele Länder wir mittlerweile auf dem Globus haben, die es sich mit einem gewissen Masochismus in der Schublade bequem gemacht haben, in der sie stecken. Besser fragwürdige nationale Eigenschaften als gar keine, sagen sie sich vielleicht.

Zurück zu den Hunden. Man kann meinen Mandanten vieler Unarten beschuldigen: Sauberkeit und Fleiß und Ordnung und all das. Leitz-Ordnung sogar. Fast alles ist falsch, aber er wird nicken. Wenn man aber den Deutschen vorwirft: »Ihr habt ja ein völlig gestörtes Verhältnis zu Hunden!«, dann werden sie wahrscheinlich nicht gleich beipflichten, sondern sagen: »Ach, finden Sie? Das ist uns noch gar nicht aufgefallen.«

Der Deutsche, der ein gestörtes Verhältnis zu seinem Haustier hat, ist eines der wenigen schiefen Bilder, die nicht von ihm selbst in Umlauf gebracht und gepflegt werden. Und ich muß in diesem Punkt meinen Mandanten in Schutz nehmen. Ich stehe hier als Pflichtverteidiger. Wie sehr einem das Volk der Deutschen auch auf die Nerven geht: Ein Verteidiger steht ihm zu. Deswegen bin ich hier. Sie wissen, Hohes Gericht, daß ich kein ausgewiesener Anhänger meines Mandanten bin. Normalerweise stehe ich auf Seiten der Kläger und versuche die Deutschen in die Enge zu treiben. Ich habe jahrelang das deutsche Volk, den deutschen Staat, die deutsche Bevölkerung, das deutsche Naturell mit Klageschriften überzogen, und zwar mit großem oder auch kindischem, in jedem Fall boshaftem Vergnügen und immer mit dem Gefühl, nicht dazuzugehören.

Dieses Hundebild trifft nicht zu. Den Deutschen ihre Haltung zu Hunden als eine besondere nationale Unart vorzuwerfen ist falsch. Zwei Hauptbezichtigungen habe ich vernommen. Erstens: Der deutsche Schäferhund ist ein immer noch taugliches Symbol für das deutsche Wesen. Und zweitens: Die äffische deutsche Tierliebe sucht ihresgleichen.

Ein Ethnologe aus dem Senegal hat unlängst über zwei Jahre lang das Verhalten der Deutschen zu ihren Hunden untersucht. Wie die Deutschen ihre Hunde herzen, welche Delikatessen sie ihnen in den Napf legen, mit welchem medizinischen Aufwand sie ihr Leben verlängern, wie sie im irgendwann unvermeidlichen Todesfall um ihre Tiere trauern – all das mag einem Mann aus Afrika so sonderbar erscheinen wie einem Europäer das Verhalten der Inder zu ihren heiligen Kühen.

Ich bin kein Ethnologe, Hohes Gericht, strenge Vorsitzende Richterin Sara, ich bin Schriftsteller, zum Glück, denn so muß ich nicht zählen, wie oft am Tag ein Hund von seinem vernarrten Halter geküßt oder gestreichelt wird, um aus diesem Zahlenwerk später eine Dissertation zu basteln. Ich kann nur meine Beobachtungen dagegenhalten. Wenn mich diese nicht trügen, benehmen sich die Leute anderer Wohlstandsländer mit ihren Hunden nicht ähnlich wahnsinnig. Verfuttern die Engländer nicht sogar das teuerste Tierfutter? Und übertreffen die Trauerzeremonien auf den Hundefriedhöfen spießiger amerikanischer Villenvororte nicht alles, was Deutschland an Hundetodeskult zu bieten hat? Werden die Edelholzsärge der verstorbenen Lieblinge in Kalifornien nicht gepolstert und mit himmelblauer Seide ausgelegt? Tragen die Franzosen ihre Schoßhunde nicht mehr, als daß sie sie laufen lassen. Stehen die Deutschen von allen Hundenarren nicht sogar an der unteren Grenze der Verrücktheitsskala?

Es kann schon sein, daß es in Deutschland wirklich am meisten Vereine pro Kopf der Bevölkerung gibt. Es heißt so.

Ein trostloser Weltrekord. Hunderttausende von winzigen Vereinen. Ein großer und mächtiger Verein ist der Tierschutzverein. Falls das eine deutsche Spezialität ist, so ist es nicht die schlechteste. Wer die Mittelmeerländer bereist und beobachtet, wie die Leute dort mit ihren Hunden umgehen, wird sich über die Tierliebe der Deutschen weniger mokieren.

Gefürchtet sind dort deutsche Hundeliebhaber, die gleichzeitig Liebhaber des mediterranen Lebensgefühls sind. Diese kaufen sich ein Haus auf dem italienischen Land, lernen integrationswillig die Landessprache und versuchen alles Deutsche an sich unkenntlich zu machen. Sie grillen ihre Körper nicht mehr am Meer, wie ihre teutonischen Väter in der 50er und 60er Jahren. An den Stränden rösten jetzt fette russische Zuhälter, die ihre Nutten in Rimini auf den Straßenstrich schicken.

Die bleichen neuen Deutschen haben nur einen Fehler. Sie können nicht ertragen, daß die Italiener ihre Hunde anketten und in Zwingern halten, um sie einmal im Jahr zur Singvogeljagd auszuführen. Es sind doch Hunde! sagen die italienischen Nachbarn. Da aber werden die Deutschen radikal. Es kommt vor, daß sie nachts die Hunde befreien, die dann ziellos in der Gegend herumirren und irgendwann verhungern. Irgendwann halten die neuen Deutschen die Grausamkeit der Italiener nicht mehr aus, verkaufen ihre Häuser und ziehen wieder in den Norden, wo die Sonne nicht so schön scheint, aber die Menschen freundlicher zu den Hunden sind.

Hinter dem Vorwurf der übertriebenen Tierliebe, Hohes Gericht, steckt meist unausgesprochen der berühmte Verdacht: Wer sich zu Tieren benimmt, als ob es Menschen wären, der behandelt Menschen wie Tiere. Die deutsche Geschichte bestätigt diesen Verdacht. Hitler hatte einen deutschen Schäferhund, und wie die Nazis sich benommen haben, brauche ich hier nicht ein weiteres Mal zu schildern.

Das ist übrigens in Deutschland eine heikle Bemerkung: Nazigreuel bräuchten nicht ein weiteres Mal geschildert zu werden. Daran kann man die deutsche Sensibilität erkennen, eine Fähigkeit, die man meinem Mandanten oft abspricht. Benutzt man diese Wendung, weil man nicht bei jeder Gelegenheit ausführlich mit dem Holocausthammer, den Konzentrationslagern und den sechs Millionen ermordeten Juden daherkommen kann, gerät man leicht in den Verdacht, ein heimlicher Verharmloser und Unterdenteppichkehrer zu sein. Man wird in Deutschland schnell zum Verräter, wenn man die Untaten der Deutschen nicht korrekt aufzählt. Man gerät in den Verdacht, ein Auschwitzleugner zu sein. Man muß sich rechtfertigen. Das ist zwar lästig, weil Zeit damit verlorengeht, es ist aber doch ein Zeichen für ein sensibles Gewissen meines Mandanten.

Wer heute in Deutschland einen deutschen Schäferhund hat, ist auf diesen sicherlich nicht stolz, sondern geniert sich eher dafür. Blinden bleibt oft nichts übrig als solche Hunde, weil sie gelehrig, gehorsam, wachsam, kräftig und intelligent sind. Alles natürlich lauter typisch deutsche Eigenschaften. Der Nazi schlechthin. Dazu dieser Wolfskopf des deutschen Schäferhunds. Und daß noch immer so viele Deutsche Wolf und Wolfgang und Wolfger und Wolfram und Wolfdietrich heißen, ist auch so ein Elend. Bloß gut, daß man im Ausland das Wölfisch-Germanische dieser Namen nicht so hört! Oder will man gerade das? Will man den wölfisch-verbohrten, grimmig-gefährlichen Deutschen, wie man den arienschmetternden Pizzabäcker aus Italien will, dessen Verbindung zum Faschismus laut Klischee immer vollkommen harmlos ist? Frankreich bereisende, deutsche Wohnwagenfahrer mit einem winzigen, undeutsch-englischen Yorkshireterrier an Bord berichten jedenfalls entsetzt, daß sie nirgendwo sonst von so vielen bestialisch ihr Schoßhündchen anknurrenden deutschen Schäferhunden umzingelt worden seien wie auf französischen Zeltplätzen – und jede der deutschen Hundebestien habe einem ziemlich deutsch aussehenden Franzosen gehört.

Und natürlich hat die Polizei deutsche Schäferhunde. Ein

Obrigkeitstier also. Sie sind einfach zuverlässig treu, ergeben. Sie parieren. Der Mercedes unter den Hunden. Man kann sie abrichten. Dann finden sie Kokain in den Autoradkappen und auch verschüttete Opfer.

Die Schweizer haben auch einen Suchhund: den Bernhardiner. Er soll von Lawinen verschüttete Menschen aufspüren. Die Erfolgsstatistik ist kläglich. Die Schweizer mögen präzisere Uhren und verschwiegenere Banken und gehaltvollere Müslisorten haben, der deutsche Schäferhund ist dem Schweizer Bernhardiner überlegen. Typisch deutsch. Immer überlegen. Allein die rührende Idee, dem Bernhardiner ein Schnapsfäßchen um den Hals zu hängen! Welches Lawinenopfer will Schnaps trinken nach der Rettung!

Der Herr befiehlt, der Hund gehorcht. So stellt man sich den Deutschen und seinen deutschen Schäferhund vor. Falsch! Kaum ein deutscher Hundehalter will Herr sein. Deswegen nennt er sich Herrchen. Er macht sich klein. Er will nicht befehlen. So ist der Deutsche: längst kein Jawohl-sagender Herrenmensch mehr, sondern ein Ach-sagendes Herrchen. Und wenn man einen der wenigen Deutschen, die noch einen deutschen Schäferhund haben, nach dem Hund befragt, werden Herrchen oder Frauchen unter sorgfältiger Vermeidung deutscher Worte wie »Zucht« und »Rasse« sogleich stolz behaupten, daß ein Dorfköter mitgemischt habe. Denn nichts ist dem Deutschen heute mehr zuwider wie Reinrassigkeit.

Ich weiß, es gibt deutsche Glatzköpfe, für die das Wort »reinrassig« eine Art Gütesiegel ist. Diese Gestalten kann ich nicht unerwähnt lassen, wenn vom modernen Deutschland die Rede ist. Ich werde versuchen, mir Rezepte zur Beseitigung dieses Ungeziefers einfallen zu lassen, obwohl das wahrlich nicht zur Aufgabe eines Pflichtverteidigers gehört.

Ich habe jetzt keine Lust, auf Hundevereine einzugehen, deren Mitglieder vermutlich an jedem Wochenende von nichts anderem reden als von »Zucht« und »Rassemerkmalen«. Es gibt solche Verrückten überall. Das hat mit den Deutschen und ihren deutschen Hunderassen nichts zu tun, von denen es neben dem bekannten Schäferhund noch ein paar mehr gibt. Jäger haben Hunde, die sich »Deutschkurzhaar«, »Deutschdrahthaar«, »Deutschglatthaar«, »Deutschlanghaar« nennen und die nichts Schöneres kennen, als die von ihren Herrchen totgeschossene Ente eifrig aus dem Teich zu holen. Dann gibt es noch die Doggen, die so groß sind, daß man ihre Halter nicht mehr mit den Diminutiven bezeichnen kann. Wer eine Dogge hat, ist kein Herrchen, sondern ein echter Herr, kein Frauchen, sondern eine stolze Dame. Zwar führen Hunderassenbücher neben der dänischen auch die deutsche Dogge an. Aber die taugt nicht zum Symbol für die Deutschen. Lange galt sie als größter aller Hunde, bis der Riesenwolfshund aus dem kleinen Irland auftauchte und mit zwei Zentimeter mehr Höhe der deutschen Dogge die Schau stahl. Seitdem degeneriert die Dogge schlechtgelaunt vor sich hin. In den Zeiten des Kalten Krieges hielten sich einige Deutsche deutsche Doggen, vielleicht, weil sie dachten, die gewaltigen Tiere könnten sie vor dem angreifenden Russen schützen. Damals, in den 50er Jahren, kam es vor, daß einige wütende Doggentiere in Ermangelung angreifender Russen instinktlos ihre eigenen Besitzer zerfleischten. Das hat dem Ruf dieser Rasse geschadet. Heute werden deutsche Doggen nur noch von Künstlern gehalten, die es ihrem Image schuldig zu sein glauben, das Großbürgertum zu kopieren, und die als Malerfürsten in die Kunstgeschichte eingehen wollen.

Seitdem in Deutschland nicht mehr jeder Hund überall hinscheißen darf, beziehungsweise die Herrchen und Frauchen die Scheiße ihrer Lieblinge selbst von Stadtparkrasen auflesen und entsorgen müssen, hat die Dogge, deren Schiß weich und gewaltig ist und in keine normale Plastiktüte paßt, an Attraktivität deutlich verloren.

Nun ist der Terrier in all seinen Spielarten zum Statussymbol für Möchtegerngrößen geworden. Der Terrier ist eine englische, keine deutsche Züchtung. Der häßlichste von allen ist der Bullterrier, vom schlauen Engländer extra dazu gezüchtet und abgerichtet, daß er den störrischen Rindern in die Beine zwickt, und so unverletzlich muskulös, daß er von trampelnden Bullenhufen kaum verletzt werden kann. Dieses Ungetüm wurde in den letzten Jahren von Zuhältern und anderen Nichtstuern und Neurotikern zum Haushund erkoren. Pitbull und Bulldogge runden das Sortiment dieser wahnsinnige englische Rinder und nun Menschen traktierenden Bestien ab, die in Deutschland in jüngster Zeit auffielen, weil sie Kinder und alte Leute totbissen oder verstümmelten.

Niemals, Hohes Gericht, wäre ein deutscher Schäferhund zu einer solchen niederträchtigen Untat fähig.

Und auch, wenn ich nachher wieder stundenlang auf Dich einreden muß, Hohe Richterin Sara, um den Verdacht der Ausländerfeindlichkeit von mir zu waschen, leiste ich mir an dieser Stelle den höchst unkorrekten Verdacht, daß diese fürchterlichen Tiere zum großen Teil von Leuten gehalten werden, die vom braven deutschen Mann als »ausländische Mitbürger« bezeichnet werden, von jungen Türken und Kosovo-Albanern, die ihre Ohnmacht und Aussichtslosigkeit und was weiß ich für Frustrationen mit der Anschaffung einer solchen Kampfmaschine kompensieren.

Sucht man eine Hundeart, die dem deutschen Wesen des Jahres 2000 und der näheren deutschen Zukunft entspricht, so ist es der Dackel. Der Dackel ist vor allem eines: vollkommen harmlos. Und das will der Deutsche sein. Kein Nachbar soll Angst vor ihm haben. Der Dackel ist lustig und verspielt und eigenwillig. Man kann ihm nicht nachsagen, daß er pariert. Er hat seinen eigenen Kopf. Das akzeptieren seine Besitzer. Er ist kein devoter Schoßhund. »He does exactly what he pleases«, sagen die Engländer bewundernd vom deutschen Dackel und blicken betrübt auf ihre grimmigen befehlsempfängerischen Bullenbeißer auf vier Beinen.

Wo sind die Dackel? wirst Du sagen. Stimmt, man sieht zur

Zeit wenige Dackel auf den Straßen herumwackeln. Der Dakkel ist nicht gerade in Mode. Aber das heißt ja nur, Hohes Gericht, daß die deutsche Dackelhaftigkeit eben nicht eine flüchtige Modeerscheinung ist, sondern ein modeunabhängiger Wesenszug. Der deutsche Dackel ist eine Identifikationsfigur. »Du Dackel« sagt man freundlich zu dem, der nicht folgsam war und sich eine kleine Tolpatschigkeit geleistet hat. Denn die Deutschen lieben längst nicht den Gehorsam. Keiner sagt in Deutschland lobend »Du Schäferhund« zu einem, der besonders gehorsam oder wachsam war.

Der Dackel, ob kurzhaarig, langhaarig, glatthaarig, schwarzhaarig, braunhaarig, stupphaarig oder kraushaarig, ist das ideale Tier für das neue Deutschland. Schamhaarig wäre das beste. Dann könnte der Dackel zur Vergangenheitsbewältigung eingesetzt werden. Der Dackel sieht immer so aus, als habe er ein bißchen ein schlechtes Gewissen. Weil er ab und zu ein Stück Wurst nascht. Andere Untaten sind nicht bekannt. Früher drang er in Fuchs- und Dachsbauten ein und trieb die Tiere aus dem Bau heraus, dem Jäger vor die Flinte. Die Zeiten sind vorbei. Daher der Name »Fuchshund« oder »Dachshund«, was dann zu »Dackel« wurde. Norddeutsche sagen »Teckel«. Das klingt albern. Jäger nannten ihn früher oft »Waldmann«. Daraus entstand in Bayern der Name »Waldi«. In München gab es einst besonders viele Waldis. Bei den Bayern, die sich gern als störrischer und individueller deutscher Stamm geben, ist der Dackel als Symbol der Eigenständigkeit besonders beliebt.

Manchmal bellt der Dackel Postboten an. Aber er trumpft nicht auf. Er ist nicht prächtig. Er kennt seine Grenzen, das ist eine seiner Stärken. Er läßt sich nicht mit Größeren ein. Die deutschen Blinden werden auch in Zukunft auf den treu sie leitenden deutschen Schäferhund nicht verzichten können, auch die Polizei nicht. Er wird weltweit ein Zeichen für deutsche Zuverlässigkeit bleiben. Diesen Exportartikel mitsamt seinem Image kriegt mein Mandant nicht los.

Der Dackel aber ist frei von aller unguten Ideologie. Nein: Er ist Ideologiekritik auf vier kurzen Beinen. Kein Hund ist antifaschistischer als der Dackel. Man kann ihm nichts befehlen. Und, Hohes Gericht, ob Sie es glauben oder nicht: Von Befehl und Gehorsam hat meine Mandantschaft im 21. Jahrhundert im großen und ganzen die Nase voll.

8. August 2000

Liebe Nora, lieber David,

vielen Dank, daß Ihr Euren Freunden ein paar deutsche Zeitungen für mich mitgegeben habt. Diese Zuverlässigkeit hätte ich meinen mißratenen Kindern gar nicht zugetraut. Max und Miriam haben den Haufen Papier hier brav abgeliefert. Ich kann für mein Deutschlandbuch sicher einiges gebrauchen. Daß zu Hause wieder einmal die Neonazis von sich reden machen, ist für dieses Buch allerdings nicht gerade vorteilhaft. Es soll kein so ernstes Buch werden. Diese Neonazischeiße kann ich bei dem geplanten So-sind-wir-nicht-Buchtitel nun wirklich nicht auslassen. Das Buch fällt mir so schon schwer. Nun ist mir nach Witzen noch weniger zumute.

Ich habe mit Helene telephoniert, der es in Wien ohne uns offenbar blendend geht. Ganz besorgte Mutter empfahl sie mir, auch mal Euch zu schreiben, wenn ich das Briefschreiben schon als Methode benutze, um in Bücher hineinzukommen. Das tue ich hiermit. Bitte beachtet, daß ich hiermit etwas für Eure Bildung tue und Erziehungsversäumnisse nachhole. Helene ließ offen, ob sie in ein paar Tagen bei Euch oder bei mir vor der Tür stehen wird. Seid also wachsam.

Max und Miriam haben übernachtet und sind am nächsten Morgen nach Ancona gefahren, um dort die Fähre nach Griechenland zu nehmen. Sie haben es gut verstanden, sich um den versprochenen Abwasch in der Küche zu drücken. Diesmal nutzten sie geschickt einen für sie bedrohlichen Augenblick, um damit anzufangen, mir eine Geschichte zu erzählen, die ich unbedingt für mein Deutschlandbuch bräuchte und die nicht unterbrochen werden durfte. Nach Maxens Darstellung drangen ein paar rechte Ratten in das Jugendfreizeitheim einer Kirche in einer besonders friedlichen Gegend des friedlichen Münchens und machten sich einen Spaß daraus, die dort versammelten Schüler mit scharfen Flaschenhälsen zu bedrohen und auch zu verletzen. Als es denen gelang, die Polizei zu verständigen, hieß es dort erst, man habe keine Zeit. Erst als ein Vater anrief, hätten die Bullen mißmutig reagiert und seien gekommen – mit dem Erfolg, daß dann die bedrohten Schüler den rechten Ratten ihre Adressen herausrücken mußten. Der Pfarrer habe sich anschließend windelweich verhalten.

Ich meldete leichte Zweifel an der Version an. Eine blöde Rolle. Kaum hält man solchen Terror für etwas unglaubwürdig, steht man da als ein selbstgerecht aufgeplusterter Kurt Biedenkopf oder Bernhard Vogel, die in Sachsen und Thüringen regieren und nach wie vor frech behaupten, rechtsradikale Übergriffe gäbe es in ihren säuberlichen Bundesländern nicht, weil sie noch nie einen abgeschlagenen Flaschenhals vor der Nase hatten. Ihr wißt offenbar auch von der Sache. Es wäre nett, wenn Ihr ein bißchen mehr herausfinden könntet. Für Hinweise, die zu einer plausiblen Vervollständigung dieser Geschichte führen, zahle ich 50 Mark – und 100, wenn ich sie in meinem Buch verwenden kann.

Wenn ich dieses Deutschlandlob-Buch nicht zu schreiben hätte, würde ich den heiligen Zorn von Max und Miriam einfach auf mich überfließen lassen und Deutschland und die Deutschen wieder einmal abgrundtief und aus vollem Herzen hassen. In meiner speziellen Situation als So-sind-wir-nicht-Buchautor bin ich aber wie ein Anwalt gezwungen, meinen Mandanten vor ungerechtfertigten Klagen in Schutz zu nehmen und ein paar strafmildernde Argumente herauszuarbeiten, obwohl ich dazu gar keine Lust habe. Ich habe die ganze Nacht die mitgebrachten Zeitungen und Zeitschriften gelesen. Auch da werden Eiertänze aufgeführt. Es ist offenbar unbestritten, daß Anzahl und Ausmaß der rechten Straftaten durchaus nicht gestiegen sind, daß jetzt also nicht unbedingt eine Neonaziwelle über Deutschland schwappt, sondern vielmehr eine Medien-Neonaziwelle. Ich entnehme durchaus nicht nur konservativen Zeitungen den leisen Verdacht, daß es sich weniger um ein typisch deutsches Aufbranden ewigen deutschen Nazitums handelt, sondern um ein Sommerloch-Thema für die Medien.

Diese Vermutung wird natürlich nur klammheimlich geäußert. Vor 25 Jahren hat man sich klammheimlich gefreut, wenn ein Vertreter des kapitalistischen Schweinesystems hinweggerafft wurde, heute ist man klammheimlich erleichtert, wenn die rechte Gefahr vielleicht doch nicht so groß ist. Klammheimlich aus mindestens zwei Gründen: Erstens will man nicht als Abwiegler und Verharmloser dastehen, zweitens kann man diese Gefahr ja nicht übertrieben genug darstellen, denn nur durch Übertreibung, nur wenn man so tut, als sei Deutschland sozusagen schon fast in der Hand der rechten Parolengröler, kann ein Druck auf die in dieser Sache bisher absolut unfähigen Politpenner ausgeübt werden. Wenn sich ein Politiker also heute in einem Interview, um sich zu schützen, den Sommerloch-Hinweis erlaubt und sagt, der brandneue Rechtsradikalismus sei, wie Zahlen bewiesen, gar nicht am Hochschwappen, dann wird der kritische Journalist, obwohl er das auch so sieht, ihm hoffentlich trotzdem eins auf die dumme Politschnauze geben, denn eine Beschwichtigung ist jetzt denkbar unangebracht, man muß im Gegenteil die allgemeine aufgebrachte Stimmung gegen Rechts ausnützen. Für die Medien und für die Politik ist es natürlich etwas peinlich, zugeben zu müssen, daß die Grimassen des Rechtsradikalismus schon lange in aller Öffentlichkeit zu sehen sind – nur eben nicht genug beachtet wurden.

Sind Max und Miriam eigentlich typisch für Figuren Eures Alters? Darf ich mal indiskret fragen, ob dieses Interesse bei 19- und 20jährigen üblich ist? Ihr erscheint mir ehrlich gesagt etwas verpennter, ihr lahme Brut! Oder liegt das daran, daß sich Eltern die Qualitäten ihrer Kinder nicht ohne weiteres erschließen. Wir wollen das hoffen. Es war jedenfalls nett und spannend mit Euren Freunden. Sie hatten etwas Schwierigkeiten, das ironische und überdrehte Prinzip meines geplanten So-sind-wir-nicht-Deutschlandbuchs zu akzeptieren. Mit der Spendensumpfgeschichte konnte ich sie einigermaßen überzeugen. Das ist übrigens der Anlaß, Euch zu schreiben: Die eigenen Kinder, dachte ich in einer ungewohnten erzieherischen Aufwallung und nach dem guten Zureden Eurer Mutter, sollten wenigstens auf dem Wissensstand ihrer Freunde sein, was die Arbeit des Vaters betrifft. Obwohl ich vermute, daß sich eigene Kinder einen Scheißdreck für die Arbeit ihrer Väter interessieren. Hier also, wie ich Max und Miriam eine ganz besondere Art von Nationalstolz beizubringen versuchte:

Man muß sich eine kleine Rahmengeschichte ausmalen, damit es mehr Spaß macht. Stellt Euch vor, Ihr sitzt im Zug und werdet von einem etwas spießigen, aber durchaus nicht ekligen Mann oder einer Frau oder einem entsprechenden Ehepaar angesprochen. Er oder sie oder die beiden suchen offenbar Unterhaltung. Vielleicht haben sie Kinder oder Enkel in Eurem Alter und wollen wissen, was Ihr so denkt, um zu vergleichen. Nervt leicht, ist aber legitim. Ihr gebt ein bißchen Auskunft über dies und das, auch Politik. Die Typen müssen gar nicht so üble Ansichten haben, die Frau muß keine reaktionäre Keife und der Mann kein strammer Rechtsaußen sein, der pure Scheiße redet, dann hättet Ihr ja einen Grund, das Gespräch einfach abzubrechen – und zwar vielleicht mit der schönen Bemerkung, die ich, wenn Ihr Euch erinnert, als meinen Beitrag zu Eurer Erziehung immer wieder empfohlen habe, die drei kleinen Worte nämlich, mit denen man vorlaute

Erwachsene immer noch sprachlos machen kann: Uns trennen Welten!

Aber nein, laßt es harmlose CDU- oder FDP- oder SPD- oder meinetwegen auch Grünen-Spießer sein, die Euch langsam zu langweilen beginnen. Das Gespräch wird Euch irgendwie zu deutsch, denn nun reden sie über die deutsche Fußballschande und die Weltausstellungsschande, überall Stümper am Werk, sagen sie betrübt, mit Deutschland sei nicht mehr viel los. Das ist zwar keine rechtsradikale Äußerung, doch nervt Euch das leutselige Geschwätz und das Kopfschütteln darüber, wie tief Deutschland gesunken sei, schon enorm, und ihr bekommt Lust, patzig zu werden. Keinem Politiker sei mehr zu trauen, klagen die beiden nun, alle korrupt – womit sie vollkommen recht haben. Aber mittlerweile geht es nicht mehr ums Rechthaben, sondern darum, daß dieser Jammerton nicht mehr zu ertragen ist.

Das etwa ist der Punkt, von dem aus mein So-sind-wir-nicht-Buch abheben sollte. Die Argumentation ginge jetzt folgendermaßen: Hören Sie mal, was haben Sie dauernd gegen die Deutschen? Falls Sie mit Ihren Korruptionsvorwürfen auf die Spendenaffäre anspielen, sind Sie bei mir an der falschen Adresse. Diese Schlammschlacht ist doch famos gewesen. Endlich sind die Deutschen auf dem Weg, das Image abzuschütteln, das ihnen so lange anhaftet. Endlich sind sie nicht mehr so pflichtbewußt und ordentlich und so abscheulich säuberlich. Die Spendenaffäre hat gezeigt, daß auch die Deutschen Sinn für Dreck am Stecken haben, daß sie pflichtvergessen und unordentlich sind.

Der Deutsche ist nun endlich menschlich und normal geworden. Er ist nicht mehr der gründliche Buchführertyp, der schauerlich redliche Pastor, er ist der schlampige Chaot, der sich an eine Million da oder dort nicht mehr so recht erinnern kann. Seine Großzügigkeit hat fast etwas Südländisches, zumindest Französisches. Fast möchte man ihn einen Filou nennen. Zwar hat der deutsche Politiker noch nicht das Format mancher seiner amerikanischen oder italienischen, geschweige denn russischen Kollegen, zwar fehlt ihm noch das Allermenschlichste, nämlich der die Nation für Monate beschäftigende Sex-Skandal, aber immerhin ist der deutsche Hans nun auf dem Weg in die freie Welt hinaus. Willkommen im Offenen, Freundchen. Der Nazidreck und der Stasidreck waren so dumme deutsche Spezialdrecksorten. Endlich ist der Dreck international geworden: Er dient wie immer und überall und endlich ideologiefrei dem Machterhalt um jeden Preis. Endlich weltweit kompatibler, völlig undeutscher Dreck. Endlich sind die vorbildlich emsigen Deutschen keine Saubermänner und Vorbilder mehr, sondern erweisen sich als windige Schurken, und selbst ihre Schurkenstücke sind keine Wertarbeit, sondern sympathisch unprofessioneller Schrott. Deutsche Schatzmeisterinnen sehen nur aus wie reinliche deutsche Muttis, aber das täuscht, sie sind falsch und gerissen wie Ganovenbräute aus Palermo – nur nicht so sexy.

Endlich ein Stolpern und Stürzen, daß es die schönste aller Freuden ist. Das war ein demokratischer Spaß, den uns der fette Altkanzler zu seinem Abschied etwas verspätet schenkte. Denkmäler kippen sehen ist nach so vielen Jahren ästhetischer Zumutung ästhetisch eine Erlösung. Hurra, wir sind nicht mehr länger spießige deutsche Putzteufel. Fünf Pluspunkte für Deutschland für diesen großen Sprung, raus aus dem putzigen deutschen Schrebergarten, hinein in die rauhe internationale Wildnis.

Leuten, die das unterhaltsame und lehrreiche Platzen einer solchen Schlammbombe als Nationalkatastrophe empfinden, komme ich doch lieber auf die überdrehte Tour. Die deutsche Presse hat in den spannenden Spendenmonaten zu Beginn des Jahres mit ungewohnter Rücksichtslosigkeit zu all diesen schönen Entdeckungen beigetragen und sich für ihre gute Arbeit dann auch selbst ausgiebig gelobt. Sie erhält dafür von mir trotzdem kein deutsches Fleißbildchen, weil der altdeutsche Jammerton verfehlt war, mit dem jede neue ans Licht gezogene schmutzige Weste kommentiert wurde. Das empörte Jaulen aus so vielen korrekten deutschen Mündern über die »Beschädigung der Demokratie« war naiv, stillos und verlogen und verdeckt ein Übel ganz anderer Art. Die illegalen Spendengeschäfte waren infam, aber wenigstens komisch und täppisch. Der deutsche Dackel war am Werk. Wenn etwas das hohe Wort »empörend« verdient, dann der normale und legale, staatlich gebilligte und arbeitsplätzemäßig gewollte und geförderte Waffenhandel, der weitaus reibungsloser funktioniert als das ungekonnte Hin- und Hergeschmiere mit den albernen Millionen. Legaler Waffenhandel ist überhaupt nicht komisch und richtet nachweisbar mehr Schaden an als versteckte Spenden.

Ich denke gern an das Parteispendentheater zurück, das leider viel zu schnell vorüberging. Ich hoffe, Ihr habt in der Zeit ordentlich ferngesehen. Bilder, die das Herz bewegen. Kein schöner Land: Bundesgartenzwerg Blüm, der seinen Kopf so unvergleichlich unschuldig schüttelt, kommt aus einer Krisensitzung und sagt in seinem Gartenzwergdialekt: Also das übersteigt mein Fassungsvermögen! Der Bundesgartengroßzwerg Kohl, zerfurcht wie nie zuvor: Das habe ich nicht gewollt! Schnutenmaulgartenzwerg Koch, der sich mit seinen Lippen besonders fest am Busen der Macht ansaugen kann, schürzt eben diese Lippen und sagt trotzig: Es war eine Dummheit von mir! Er konnte oder wollte Reue am wenigsten spielen. Schade, daß ihm keiner der Journalisten scharf die klassische Gangsterfilmwarnung zurief: Keine Dummheiten, Baby!

Wirklich großer Schaden ist durch die Sache nicht der quietschfidelen Demokratie, sondern dem Ansehen der Lüge zugefügt worden. Sie logen alle, und sie logen schlecht. Sie brachten durch ihre miserablen Lügen und ihr Gestammel beim Überführtwerden das schöne Lügen in Mißkredit, das doch ein Privileg der Literaten und ein Bestandteil der Kultur ist. Sie haben einem das Lügen versaut. Sie zwangen einen in diesen Wochen und Monaten durch ihre ständigen Falschaussagen zur Aufrichtigkeit – das verzeihe ich den Schweinen nie. Wenn man sich jetzt bedeckt hält, wird einem vorgehalten, man verhalte sich wie Kohl, Koch und Konsorten.

Die absurde Erhöhung Kohls zum Weltpolitiker ist in sich zerfallen. Dein Glück, Deutschland! Er war eine Weile der Inbegriff des häßlichen dummen gerissenen – und beim Rest der Welt vermutlich wegen seiner Häßlichkeit nicht unbeliebten Deutschen. Häßliche Menschen machen einen milde. Man wird sanft und dankbar, weil man nicht so aussieht. Das erklärt Kohls seltsam guten Ruf außerhalb Deutschlands. Ich habe diesen Mann bei seiner Wahl zum Kanzler 1983 als einen Bovist beschrieben, der im Alter nur noch modrige kleine Staubwolken von sich geben würde. Wenn das nicht prophetisch war! Ich finde, Ihr könnt stolz auf Euren Vater sein. Allein, daß nun gegen diesen Mann Ermittlungsverfahren eingeleitet wurden, war ein Triumph der deutschen Gerechtigkeit und meiner literarischen Hellsicht. Wenn man gegen einen Bovist eine Hausdurchsuchung erwägt, dann ist das ein Gedicht. Es entspricht meiner Vorstellung von guter moderner Lyrik. Bravo, süße deutsche Poesie! Das hat drive, das ist pop!

Meine Antikohl-Passagen, die bis zu 17 Jahre alt sind – damals warst Du zwei, David! –, durften nun erstmals im Rundfunk gesendet werden. Vorher war man als Autor der Narr. Dahingesagte Behauptungen, wie der Bovist sei kriminell, die in manchen meiner von Euch Banausen nicht gelesenen Büchern zu finden sind, wurden nun von findigen Rundfunkredakteuren herausgeklaubt und genußvoll in den Äther gehaucht. Nun wurden sie sogar von des Bovists kritischen Parteigenossen bestätigt. Natürlich mit dem Schleimerzusatz: »An seinen Verdiensten ist selbstverständlich nicht zu rütteln.«

Ich war in diesen Wochen drauf und dran, den Mann in Schutz zu nehmen, als mir gerade rechtzeitig der Satz einfiel: Wer fällt, den soll man noch treten – Nietzsche, nehme ich an. Knallhart. Er hatte sicher Figuren dieser Sorte vor Augen. Als

Mutti Uschi Glas aufstand, der drangsalierten Schlammsau 10 000 schöne Deutsche Mark überwies, sich im Fernsehen erklärte und dabei pausenlos von »Doktor Kohl« sprach, als könne sie mit dem lachhaften Titel ihre Spende akademisch anheben – da verließ mich das Mitleid mit dem Unhold, ich dachte wieder mal an mein So-sind-wir-nicht-Deutschlandbuch und daran, was sich aus dem Fall dafür an Positivem für Deutschland herausquetschen ließe. Wenn Kohl als Kanzler die Verkörperung des mächtigen deutschen, etwas uneleganten Mannes war, dann ist Uschi Glas mit Sicherheit die Verkörperung der deutschen Bilderbuchmutti. Ihre Nachsicht ist also ein exemplarisch schönes Zeichen dafür, daß Deutschland nicht mehr ein Land der gnadenlosen Häme, sondern der Milde und des Verzeihens geworden ist, in dem die Minderheit der Gestrauchelten keine Ächtung zu befürchten hat.

In der Zeit der rätselhaften Spendengelder lud mich irgendeine öffentlich-rechtliche Anstalt zu einer Fernsehunterhaltung ein, und ich durfte öffentlich-rechtlich ein paar Unkorrektheiten von mir geben: daß meine Schadenfreude über den Kursverfall der CDU zwar enorm sei, daß ich diese Geldkoffergeschichten aber eigentlich nur komisch finden könne und die SPD-Freiflüge auch. Nachher bei Bier und Wein rügte der halbzynische Redakteur halbernst meine halbfrivole Haltung. Es war eine Fernseh-Kollegenrunde, jeder zahlte für sich, und der Oberredakteur ließ sich, und zwar auf Anraten einer Mitarbeiterin, eine Rechnung über Speisen und Getränke für den ganzen Tisch ausstellen.

So sind sie. Und ich wäre vielleicht auch so, wenn ich irgendwo Geld wiederkriegen könnte, das ich nicht ausgegeben habe. Ich habe nur keine Gelegenheit dazu. Bin auch zu schlampig, verliere dauernd Zettel und kriege daher oft nicht einmal das Geld zurück, was ich wirklich vorgestreckt habe. Aus Dummheit, Nachlässigkeit, aus Faulheit und Schlamperei bin ich relativ sauber, nicht aus Prinzip. Es ist mir zu blöd und zu aufwendig, mit Geld herumzutricksen. Ich schreibe in der *Zeit* lieber einen frischen Text und verdiene frisches Geld, als irgendwelche fleckigen Taxioriginalquittungen in ein Kuvert zu stecken und zu Händen irgendwelcher netten Sekretärinnen zu schicken. Wenn ich es täte, würde ich vermutlich auch die drei Taxifahrten dazulegen, die ich privat gemacht habe. Bietet sich doch an. Die haben's doch. Trifft keinen Armen. Tut keinem weh.

Den Fastkanzler Schäuble hatte ich noch nie ausstehen können – bis zu dem Augenblick, als er sagte, er könne sich nicht mehr genau an irgendeinen Vorgang erinnern: wer ihm da was vor wieviel Jahren in einer Tasche oder ohne Tasche oder in einem kleinen Koffer in die Hand gedrückt oder einfach neben seinen Rollstuhl gestellt habe. Ich glaube das sofort. Ich kann mich schon nach zwei Monaten nicht mehr erinnern, wem ich Geld schulde und wer mir was schuldet. Richtig nett war das vom Schäuble, wie ihm seine Unkorrektheit peinlich war, die mir den schrecklichen Scharfmacher erstmals menschlich erscheinen ließ. Da, wo sich die deutsche Politik am menschlichsten zeigte, wurde von der deutschen Öffentlichkeit am erbostesten der Verfall beklagt. Hut ab, Schäuble! Pfui, strenges deutsches Volksgericht!

Deshalb habe ich mir vorgenommen, den SPDlern nicht ihre lächerlichen Sparmaßnahmen zu verübeln, sondern ihre Stillosigkeit. Es ist Banausen-Art, in Ägypten eine Aida-Aufführung zu besuchen. Ein Spießertraum wird wahr. Weiß nicht mehr, wie dieser niedersächsische Kurzzeitministerpräsident hieß, und will es auch nicht mehr wissen. Ein von VW bezahltes Rolling-Stones-Konzert-Ticket für einen Landesvater, der keine Karte mehr bekommen hat, hätte ich jedenfalls verzeihlicher gefunden. Und wenn dieser andere abgesägte SPDler, Hornbach hieß er, sich nicht so einen Protz-Bungalow erschlichen hätte, sondern den Umbau einer alten Villa, wäre sein Fall auch weniger unappetitlich.

Politiker haben kaum Zeit, ziellos spazierenzugehen, Musik zu hören oder in Kneipen herumzusitzen. Sie hasten von einem Ort zum andern, reden oder verhandeln, manchmal bis tief in die Nacht. Das, was sie da tun, nennen sie mit einem gewissen Recht »politische Arbeit«. Sie glauben, sich und ihren Wählern einen vollen Terminkalender schuldig zu sein. Die Arbeit gibt ihnen Bedeutung – ob etwas dabei herauskommt oder nicht, ist zweitrangig. Man muß ihnen zugute halten, daß sie unter dieser Arbeit selten stöhnen oder damit auf den Putz hauen. In dem Punkt sind sie ehrlicher und dümmer als zum Beispiel Dichter. Dichter gehen auch in ihrer Arbeit auf, aber sie müssen dauernd behaupten, wie schwer es sei, eine weiße Seite oder den Bildschirm vollzuschreiben. Damit werten sie verlogen ihre Arbeit auf. Auf diese Idee sind die Politiker bisher noch nicht gekommen. Wäre mal was Neues, wenn sie uns ihre Überstunden vorrechnen würden und bei Verfehlungen wegen Überarbeitung um mildernde Umstände bäten.

Politiker werden gut bezahlt. Wenn sie sich nebenbei etwas erschleichen, finde ich das fies und typisch, aber weniger frech, als wenn sie die Bürger, deren Votum sie doch ihren Job zu verdanken haben, zur Mitarbeit nötigen wollen. Wo gibt es denn so etwas, daß das Personal der Herrschaft sagt, was sie tun soll. Das Volk ist der Souverän, verdammt, wenn ich mich richtig erinnere. Der Souverän wählt seine Bediensteten aus. Nichts anderes sind die Politiker als befristet angestellte Vertreter und Diener, die für ihr üppiges Gehalt ihren verdammten Job gut tun und nicht ihre Arbeit auf ihre Herrschaft abwälzen sollen. Ich zahle meine verfluchten Steuern, damit ich mich nicht um Sachen kümmern muß, von denen ich nichts verstehe und die mich nicht interessieren.

Mir ist die praktische Politik zu kompliziert. Wie soll ich wissen, unter welchen Voraussetzungen die große Volkswirtschaftsmaschine am besten funktioniert. Ich bin kein Maschinenbauingenieur. Ich habe keine Ahnung, wie man das mit den Steuern so dreht, daß es gerechter, gesünder und wie geschmiert zugeht. Ich hasse es, mich mit solchen Fragen zu befassen. Ich wähle zähneknirschend die Kretins, damit die den Laden einigermaßen in Schwung halten, ich kaufe Zeitungen und zahle Rundfunk- und Fernsehgebühren, damit die Journalisten den Politkretins auf die Finger sehen. Ich selbst kann und will das nicht. Ich erwarte keine genialen Leistungen. Daß ein wirklich guter und zuverlässiger Politiker ein so seltenes Glück ist wie ein wirklich guter Butler oder Hausmeister, ist ja klar.

Eine Meinung zu Fragen der Rentenpolitik haben zu sollen, empfinde ich als Zumutung. Man weiß doch auch nicht, wie ein Computersystem funktioniert. Nur Besserwisser wissen so was. Ich habe keine Rezepte und kann Rezepte nicht beurteilen. Ich bin nicht vom Fach. Hat mit der berühmten Politikverdrossenheit gar nichts zu tun. Ich will mich nicht um diesen Dreck kümmern. Ich wähle die Säcke, damit die das tun. Sie sollen die Maschine warten und in Schwung halten. Es sind Mechaniker. Reparaturmechaniker. Mechanikern mißtraut man aus gutem Grund immer. Mehr will ich nicht tun, als vorsorglich mißtrauisch zu sein. Das muß genügen. Ansonsten bestehe ich auf meinem Grundrecht, keine Ahnung zu haben. Der eine Spezialpolitiker hat sich von zwei Dutzend promovierten Volkswirten beraten lassen und ist nun für Steuern runter, Zinsen rauf; der andere hat sich auch von zwei Dutzend anderen promovierten Volkswirten beraten lassen und ist für Zinsen runter, Steuern rauf. Es ist Anmaßung, dazu um eine Meinung gebeten zu werden.

Ich weiß auch nicht und will es nicht wissen, ob man diese unsägliche Bundeswehr so lassen soll, wie der Verteidigungsminister meint, oder ob ein Berufsheer sinnvoller wäre, wie der Außenminister es lieber sähe. Ich will, verflucht, zu diesen Stammtischfragen keine Meinung haben.

Weil das Personal nicht gut wirtschaften kann, sagen die unverschämten und unfähigen Knechte aus der Tresorabteilung, wir, das Volk, die Bürger, ihr Arbeitgeber also, sollten uns um die Altersversorgung lieber selbst kümmern und Aktien kaufen. Eine Zumutung, die nicht auffällt, weil die dummen Neudeutschen in ihrem Börsenfieber es plötzlich schick und ungeheuer undeutsch finden, spielerisch mit Aktien zu hantieren. Endlich sind die Deutschen auf dem Weg nach vorn, sagen die Banker zufrieden, und von allen Seiten hagelt es Pluspunkte für die neuen Deutschen, weil sie endlich ihre dumpfdeutsche Sparbuchmentalität abgelegt haben. So sind wir jetzt: jonglierende Artisten über dem weltweit gespannten Netz. Super!

In der Beziehung bin ich extrem altdeutsch. Ich lobe die Deutsche Bank in höchsten Tönen für ihre Ungeschicklichkeit. Ein Magazin wie der *Spiegel* macht sich vollkommen lächerlich, wenn es eine geplatzte Großbankenfusion als »Schande« für Deutschland hinstellt. Umgekehrt ist es wieder einmal richtig: Daß Spitzenleute von Spitzenbanken aus Spitzendeutschland sich vollkommen stümperhaft verrechnen, daß eine monatelang vorbereitete Bankenpaarung voll in die Hosen der nachtblauen Maßanzüge geht, zeigt doch wieder mal aufs schönste, welche wunderbar unberechenbaren Dakkel auch die so zuverlässig wirkenden Bosse der deutschesten aller Banken sind. Sie sind eben nicht die gefürchteten, unmenschlichen, fehlerlos funktionierenden Roboter, die von den oberen Etagen Frankfurter Aluminiumhochhäuser glänzende Finanzpolitik rund um die Welt machen und den anderen Ländern Angst vor der deutschen Übermacht einflößen. Das wollten sie uns zeigen mit ihrer gescheiterten Fusion. Danke, Deutsche Bank!

Ich riskiere schon auch gern etwas, so ist es nicht, aber lieber in anderen Bereichen. Niemals will ich mich um eine Scheiße wie Aktienkurse kümmern müssen. Keine Zeit. Ich arbeite und verdiene. Arbeitendes Geld finde ich unanständig. Ich fürchte, meine lieben Kinder, ich werde Euch kein Vermögen hinterlassen. Um die Rechte meiner Bücher könnt Ihr Euch dann zanken, das ist alles. Kleiner Tip: rechtzeitig zu meinem Hundertsten 2045 eine Sonderausgabe vorbereiten.

Dazu die Festplatte meines Laptops nach unveröffentlichten pornographischen Geschichten durchsuchen und Euch in einem kleinen Nachwort unschuldig distanzieren: Von diesen 150 multikulturellen Liebschaften unseres Vaters wußten wir nichts! Die Frage wird sich stellen: Habe ich in Wirklichkeit oder in der Literatur gut gelogen?

Ein Buch sollte mindestens so viel einbringen wie ein neues Auto, also 40- bis 200 000, je nach Anspruch. Wenn ihr das nicht erhandeln könnt, nehmt einen Agenten. Mehr kann ich nicht tun für Euch. Ich werde meine Spekulationskraft jedenfalls nicht an der Börse vergeuden. Das allgemeine jubeln darüber, daß der Aktionär der wahre Demokrat sei, belästigt mein Ohr. Ein bißchen im Internet surfen, ein bißchen die Börsenkurse studieren, so kontrolliert man die Giganten und verdient auch noch dabei. Solche Wahrheiten werden von der rotgrünen Regierung und mittlerweile schon von der *taz* verbreitet. Wer schützt mich vor dem Aktionärsdenken? Nieder mit der Deutschen Telekom! Zur Hölle mit dem Telekom-Team!

Wenn ich heute in den Fernsehapparat schießen möchte, dann aus vielerlei Gründen: wegen einer falschen Spendensaugsau wie Roland Koch zum Beispiel. Und natürlich wegen der Glatzen: Durch den Bildschirm hindurch in ihre Schädel möchte ich schießen. Peng. Die Telekom-Radler verschone ich in einem Gnadenakt trotz des Magenta-Rots ihrer Trikots, das mich mittlerweile fast schon so ankotzt wie die alte nationale Farbzusammenstellung Schwarz-Rot-Gelb. Aber auch auf die Börsenkursgraphik möchte ich ballern, die mir weismachen will, daß ich verliere, wenn ich nicht mitmache bei dem Wahn. DAX rauf und runter ist der neue Volkssport. Sport mochte ich noch nie, und Gewinner sind immer die Allerschlimmsten.

Und jetzt kommen die von uns gewählten und bezahlten Dienstboten, räumen bußfertig Versäumnisse und Gefahrverkennung in Sachen Rechtsradikalismus ein und besitzen die

Unverschämtheit, uns, den Souverän, aufzufordern, gegen die braune Gefahr vorzugehen. Wehrt Euch! Das klingt zunächst ganz schmissig. Ich schätze, Ihr seid genau wie Max und Miriam drauf und dran, etwas zu tun. Sehr gut. Max und Miriam waren nach den jüngsten Gewalttaten der Rechtsradikalen sofort bereit zu mehrtägigen Mahnwachen und zur Bildung kilometerlanger Lichterketten gegen den Ausländerhaß. Das beteuerten sie glühend – und ich verkniff mir die unpassende Bemerkung, daß man das gut sagen kann, wenn man unterwegs in die Ferien zu den griechischen Inseln ist.

Ich denke von Italien aus über Deutschland nach und kann leider auch nicht antirassistisch tätig werden! Jetzt seid Ihr dran, haha! Demonstrieren! Die Härte des Demonstrierens liegt heute darin, daß die Slogans der Aufrufer alle klingen wie aus der Weicheierwerbung. Vor, räusper, 30 Jahren mußte man auf Demos das alberne Klassenfeindgeschrei der Fanaten ertragen, heute eben den fürbitthaften Toleranzton – möglicherweise auch etwas, das uns die Ossis beschert haben. Auch Demonstrieren hat seinen Preis. Aber bitte Blumen gießen nicht vergessen! Was ich sagen will: Dieses Bedürfnis, aufzustehen und So-sind-wir-nicht! zu skandieren, ist wirklich mehr als verständlich und sehr ehrenwert. Man sollte aber dabei einiges nicht vergessen: Die Putzfrauen und die Reparaturmechaniker, und etwas anderes sind die Politiker nicht, werfen uns jetzt Wischlappen und Schraubenschlüssel hin und sagen: Sorgt selbst für Ordnung und Sauberkeit. Euer braun verschissenes Klo könnt ihr alleine reinigen und die Spülung wieder in Gang setzen. Das sagen sie natürlich nicht so deutlich. Sie ködern ihre Herrschaft mit schönen Worten: Zivilcourage würde Ihnen gut stehen, Herr von Deutschmann. Putzeimer sieht toll aus zur Skaterjeans!

Ich arbeite. Ich zahle Steuern wie ein Idiot. Ich schaffe nichts nach Liechtenstein. Ich bezahle die Putzfrauen und Mechaniker, die dafür das verdammte Klo in Ordnung halten sollen. Ich habe keine Lust und keine Zeit, die Scheiße selber wegzumachen, die meines Wissens nicht von mir stammt. Und wenn ich Zeit und Lust hätte, würde ich es nicht tun. Das sollen die Politputzen machen, das ist ihr Job, sie haben sich darum gerissen, ihn zu bekommen. Wenn sie ihre Arbeit aus revolutionärem Bewußtsein an ihre Arbeitgeber weitergeben würden, dann wäre das ein witziger und akzeptabler Aufstand. Aber sie tun es aus purer Unfähigkeit, das ist die Infamie. Sie können es einfach nicht. Sie holen sich Künstler, die für Sauberkeit auf deutschen Toiletten singen sollen, und denken wohl noch, das sei moderne bürgernahe Politik. Sie beherrschen das politische Handwerk längst nicht mehr. Das einzige, wovon sie etwas verstehen, ist PR und sich in Talkshows zu inszenieren.

Das von den Neonazis verschissene deutsche Klo ist kein Spuk, sondern eine Folge der Tatsache, daß unsere Putzfrauen schon seit Jahren nichts anderes tun, als sich in Talkshows herumzutreiben und sich von Starphotographen für ihre Bewerbungsphotos, sprich Wahlplakate, abbilden zu lassen. Sie haben bei dieser aufreibenden Tätigkeit ihre wirkliche Arbeit nicht getan. Immerhin scheinen sie noch Spuren eines schlechten Gewissens zu haben. Das zeigt ihre Angewohnheit, wie sie wie miese kleine Grundschüler immer auf die anderen deuten und sagen, die hätten ihre Hausaufgaben nicht gemacht. Natürlich blanke Kompensation der eigenen Unfähigkeit, die ihnen gestellten Aufgaben zu lösen.

Ihr könnt Euch vorstellen, daß ich mir, wenn ich ein paar Wünsche frei hätte, nach der Befriedigung meiner persönlichen Bedürfnisse auch ein Massensterben der Neonazis von der Fee erbäte. Die Choreographie dafür würde ich gern selbst übernehmen. Es müßte ein spektakuläres Verröcheln sein. Auch sollte das festliche Spektakel von Deutschland ausgehen. Hier entstand das Nazitum, hier sollte es auch schön würdelos mit ihm zu Ende gehen. Ich wünsche mir Kameras. Wenn genügend Bilder vom horrorhaften Verenden dieser Gespenster über die Welt gegangen sind, sollten sich die Übriggebliebenen das Leben von selber nehmen und den Rächern die weitere Arbeit ersparen. Auch das Erwägen eines Verbots der NPD dürfte sich erübrigen. Als echte Deutsche sollten sich die Drahtzieher dieses deutschen Debilenvereins wie ihre großen Vorbilder 1945 mannhaft entleiben.

Last, not least aber würde ich mir die Politputzen vorknöpfen, die jetzt schon wieder flink nach Themen für die nächste Wahl suchen und die schuld daran sind, daß es so weit kommen mußte. Die dürften keinesfalls ungeschoren davonkommen. Wenn sie all die Jahre nicht so kläglich versagt hätten, wenn sie ihre dummdeutschen Putzköpfe etwas angestrengt hätten, wäre uns das etwas gruselige Finale erspart geblieben, dessen Bilder freilich auf die Nachgeborenen eine läuternde Wirkung haben werden.

Es ist so verdammt spießig, wenn immer davon geredet wird, die häßlichen Neonazis würden das Ansehen Deutschlands in der Welt besudeln. Daß bloß kein schlechter Eindruck entsteht! Als wenn es darum ginge. Einem Algerier, der in einem Ost- oder meinetwegen auch Westkaff von menschlichen Pitbulls gehetzt wird, ist das Ansehen Deutschlands in der Welt wahrscheinlich ziemlich egal. Immerhin, je mehr das Ansehen in Gefahr gerät, desto nervöser werden die Putzfrauen. Kein Wunder. Sie wissen natürlich, daß es letztlich ihre Faulheit, ihre Zerstrittenheit untereinander war, daß es so weit kam. Deswegen ist es nötig, auch dem Ansehen einiger der schlimmsten Putzen einen ordentlichen Schaden zuzufügen. Wir bestrafen sie freundlicherweise nicht mit dem Tod, das würde wieder zu lang dauern, bis dieses Gesetz durch ist. Sie kommen in einen Käfig und werden durch die deutschen Lande gefahren, und wer immer Interesse an Politik hat, kann sich die Versager anschauen, ihnen ein paar Erdnüsse zuwerfen und die Lehrtafeln studieren. Ich denke, diese kleine Monstrositätenschau wäre sinnvoller als eine Lichterkette oder die Expo 2000. Seht Kinder: So waren wir mal! Diese Figuren haben die Deutschen mal gewählt, als sie noch dumm waren.

Im Käfig dürfte Kohl nicht fehlen. Als riesiger Urgorilla dumm und böse glotzend in der Ecke. Ihn lausend, Rütgers mit seinem häßlich schütteren Fell. Schnutenschnauze Koch muß dabeisein. Ihr dürft nicht vergessen, Kinder, daß der hier nicht wegen seiner lächerlichen Spendenlügen eingesperrt ist, sondern wegen seiner gar nicht lächerlichen Aktion gegen die doppelte Staatsbürgerschaft, mit der er einen kräftigen Beitrag zu Rassismus und Ausländerfeindlichkeit geleistet hat, auch wenn er selbst zu beschränkt ist, das zu begreifen. Biedenkopf und Vogel zanken sich manchmal mit Kohl. Sie bespucken sich. Das ist lustig. Sie haben überhaupt nichts kapiert. Sie wissen nicht, warum sie hier sind. Leider haben sie sich im Augenblick im Stroh vergraben. Und das da, das ist der Stoiber. Edmund war früher mal der Typ, der die Nase vorn hatte. Schaut ihn euch an: Es ist manchmal nicht zu verstehen, wieso so einer bei den Leuten ankommt. Wie der aussieht. Bei Kohl verstand man es auch nicht. Trotz seines silbrigen Blondhaars hatte Edmund nie etwas Landesväterliches. Er war eher der ewige fleißige Sohn. Vielleicht war es das. Er gab wohl noch dem Altbauern das Gefühl, einem wie ihm beruhigt den Hof übergeben zu können. Edmund liebte es, »Herz und Verstand« seiner Partei hervorzuheben und sie als »menschlich und modern« zu loben. Besonders gern, modern und genüßlich quetschte er das Wort »Hightech« hervor und lobte sein Bayern als »Nummer eins«, als »Topadresse« und hielt Vorträge, die Schlaumeiertitel hatten wie »Optionen einer globalen Strategie – Das Medienland Bayern im internationalen Wettbewerb«. Mit einem Lächeln, das ihm nie gelang und das fast etwas Verzweifeltes hatte, warb er von den Plakatwänden herab. Damit er nicht so knöchern wirkte, gab man ihm seine Frau zur Seite. Nützte nichts. Edmund wollte immer ein uriger Bayer sein, aber er war tragischerweise genau das, was man sich unter einem Deutschen vorstellt: hölzern und verbissen und verkniffen und verbohrt. Ein hell kläffender Dackel-Albino. Besonders entsetzlich wirkte er, wenn er im Fernsehen um die Gunst des Wählers warb. Obwohl das doch sein Hightech-Medium war, schien ihm das Bitten um Stimmen in die Kamera hinein zuwider zu sein. Er glich einem Nußknacker von der Partei bibeltreuer Autofahrer. Vielleicht hat ihm gerade das Sympathien eingebracht. Unergründlich ist des Wählers Herz. Ganz anders, wenn Edmund im Fernsehen nicht buhlen und betteln mußte, sondern kämpfen durfte! Einmal hat er sich in einer Wahlsendung mit seinem Kollegen von Nordrhein-Westfalen herumgestritten. Politiker braucht Ihr nie zu bedauern, Kinder, aber damals hat mir der arme Herr Clement aus Westfalen richtig leid getan. Es muß entsetzlich sein, so dicht einem zeternden Puter gegenüberzustehen, der einem wie ein Waschweib ständig ins Wort fällt, besserwisserisch mit dem Kiefer zuckt und mit kindischem Stolz dauernd sein Hightech-Bayernland als vorbildlich lobt und dann den Kopf nach hinten schmeißt, um den Gegner herablassender anschauen zu können. Arrogant sind sie alle. Jeder auf seine Art. Wenn Edmund »Nein-nein-nein-nein-nein!« sagte und dabei den Kopf schüttelte, dann war er ganz der verkümmerte Abiturient, der klassenerste Oberstreber, der nicht älter geworden ist. Er konnte auf eine so ekelhaft belehrende Art »Schaun Sie mal!« sagen, daß man ihm Ohrfeigen an die Ministerpräsidentenbacke wünschte. Er war redlich bis zum Exzeß. »Unredlich« fand er daher sofort die Argumente seiner Gegner. Dabei zog er verächtlich die Luft in die spitze Nase. Sein Profil ist interessant. Sein Keifen kann auch jetzt im Käfig manchmal noch eine Tonlage annehmen, daß er an einen gottbesessenen Inquisitionskardinal erinnert. Sein Konterfei als falscher Renaissancemafioso à la Piero della Francesca wäre ein Knüller. Wir sollten sammeln und ihm eine rote Kutte schenken. Er hat auch etwas von einem schlechten Laienschauspieler. Neben einem Kirchenfürsten gäbe er einen leidlichen Robespierre ab – und mit Flügeln einen mickrigen Vorstadt-Erzengel. Erzengel Edmund war in seiner Zeit als Ministerpräsident Bayerns etwas ungeschickt in seiner Wortwahl. Er wollte keine »durchrasste« Gesellschaft. Eine Bestie war er nicht. Er liebte seine Bayern so, daß er ihnen Konflikte mit zu vielen fremdländischen Menschen ersparen wollte. Obwohl er, wie ihr seht, schmale Lippen hat, machte er in dem Punkt gemeinsame Sache mit seinem damaligen Kollegen Koch-Schnutenmund, woran ihr seht, daß man die Putzen nach ihren Lippen allein nicht beurteilen kann. Edmunds politische Seele ist reinrassig schwarz wie die Nacht, ein interessanter Kontrast zu der äußerlich fast durchsichtigen Erscheinung des Mannes. Edmund, hör auf, an den Käfigstäben zu knabbern! Roland, laß den Helmut in Ruhe!

All diese Gestalten sind hier eingesperrt, weil sie damals keine vernünftige Einwanderungspolitik hinkriegten. Zu faul, zu dumm – sie haben es nie gesagt. Sie schweigen. Sie nennen keine Namen und keine Gründe. Nach ihrer Rundreise durch die deutschen Bundesländer kommen sie wieder in den Nationalpark im Berchtesgadener Land.

Aber, Papi, das sind ja alles CDU/CSU-Politiker, sagt ein Kind.

Bravo, mein Töchterlein, sagt der überraschte Vater, gut aufgepaßt in der Schule. Es sind auch Schausteller unterwegs, die Insassen anderer Parteien vorführen, die kommen in drei Wochen hier vorbei.

Na, Nora und David, wie würde Euch das gefallen? Schon zu erwachsen für solche Kuriositäten? Die Frage stellt sich noch, ob man diese Wanderschau im Fernsehen nach dem Big-Brother-Muster dauerüberträgt oder ins Internet stellt und welchen wohltätigen Organisationen man die Einnahmen gegebenenfalls zuleitet. Zu klären wäre auch die Sprachregelung: Die Nazis sind nach diesem Szenarium nicht einmal mehr in Käfigen zu bewundern, sie sind wirklich weg. Da braucht man Photo-Wanderausstellungen, um sie nicht zu vergessen. Aber wie nennt man das, was sie weggeputzt hat. Man kann das schließlich nicht »Säuberung« nennen, obwohl es eine war. Wir überlassen die Findung des richtigen Worts dem deutschen Feuilleton. In der *Zeit* wird es wochenlang hin und her gehen. Deutsche, sagt man, debattieren gern. Andere auch. Vielleicht könnte man das feine alte Wort »Katharsis« aus der griechischen Tragödie mobilisieren. Mein Beitrag zu dieser deutschen Debatte.

Habe ich Euch eigentlich gestanden, daß ich mal Nationalist war und daß Stolz auf Deutschland auch mich beseelte, als Ihr noch ziemlich klein wart? Zumindest habe ich damals Schriften publiziert, die ziemlich verdächtig klangen. »Der deutsche Stolz« und »Warum ich auch Nationalist bin«. Der Inhalt war dann aber doch nicht so, daß rechte Parteien um meine Mitgliedschaft bettelten. Ich habe in diesen Texten beschrieben, wie man sich als Deutscher ständig wegen der deutschen Touristen und Politiker geniert. Dieses Genieren sei nationalistisch, schrieb ich, denn wenn einem die nationale Identität wirklich so am Arsch vorbeiginge, wie man immer behaupte, wären einem gegrillte deutsche Touristen und dröhnige deutsche Politiker ganz egal. 1984 war das. Um möglichst brutale Verunglimpfungen gegen die damaligen Politiker einigermaßen plausibel loszuwerden, hatte ich mich eines Tricks bedient und behauptet, von kundigen Reisenden verbindlich erfahren zu haben, daß in Neuguinea die unglaublichsten Schimpfworte über den politischen weißen Mann kursierten: »Kokume kam popu« zum Beispiel. Ich hätte diese Worte übersetzen lassen – und sie seien wirklich jenseits des guten Geschmacks: Mann, der seine Exkremente koitiert, heiße das beispielsweise. Unglaublich!

Die Ausdrücke hatte ich aus einem schrägen Ethno-Buch. Durch mein erschrockenes Kopfschütteln über die unverschämten Zuschreibungen dieser Urwaldleute war der Text staatsanwaltschaftlich schlecht anfechtbar. Später habe ich mal ohne diesen Trick gearbeitet – und prompt wurde ermittelt. Der Exkremententext, in dem nationale Gefühle als pure Analperversion beschrieben werden, endet mit dem Versprechen: Niemals würde ich so etwas wie nationalen Stolz empfinden, schrieb ich – es sei denn, Joschka Fischer werde Außenminister, was 1984 wirklich die absurdeste aller Vorstellungen war. Zum Glück für mich schrieb ich noch dazu: Und auf der Hardthöhe müßte eine jugoslawische Opernsängerin für das Wohlergehen der Bundeswehr sorgen. Von dieser Besetzung sind wir im Augenblick noch etwas entfernt. Die Bonner Hardthöhe gibt es nicht mehr, nehme ich an. Auch das Verteidigungsministerium dürfte sich mittlerweile in Berlin tummeln. Aber es ist egal, wo sie ihren Scheiß aushecken.

Fischer ist aber Realität geworden. Er hat mich nicht stolz auf Deutschland gemacht, und dafür bin ich ihm sehr dankbar. Er spricht längst die außenpolitische Sprache seiner Vorgänger, er verhält sich nachsichtig zu den Russen, Chinesen und zu anderem unmöglichen Volk – und keiner wird je sagen können, ob diese Nachsicht klug ist oder nicht. Es gibt keine kühnen Auftritte, keine tollen Knaller, keinen neuen Ton. Zum Glück für mich und meinen Diplomatenroman. Als Ihr kleiner wart und Euch noch für meine Bücher interessiertet, mochtet Ihr die Stellen, wo mein Held Harry von Duckwitz Kohl ein »Kanzlerschwein« nennt, wo er zu Franz Beckenbauer sagt: Wer sind Sie? Ich kenne Sie nicht! und wo er bei einem feinen Essen den Oetker-Pudding laut auf den Teller zurückspuckt.

Als Fischer im Herbst 1998 Außenminister wurde, war ich anfangs schwer besorgt, der seit 1991 aktuell gebliebene »Diplomatische Dienst« würde nun ab sofort Makulatur sein, zumindest nicht mehr als Gegenwartsroman lesbar. Denn nun gab es einen Außenminister, der gegen die Macht ebenso gerne polemisierte wie mein Held. Die Wirklichkeit schien mein Buch eingeholt und überflüssig gemacht zu haben. Fischer würde Duckwitz die Schau stehlen. Wenn man die Wahl hat zwischen einem wirklichen Minister, der kecke Sprüche losläßt, und einer leider nur erfundenen Romanfigur, zieht man den wirklichen Minister vor. Bisher aber hält sich Fischer zurück und macht Duckwitz keine Konkurrenz. Ein Satz würde genügen, und er hätte das Rennen gewonnen: Milosevic, Sie sind ein Schwein!

Prompt müßte ich stolz sein auf Deutschland. Wir sind nicht so: Wir sagen die Wahrheit! So sind wir! Wir sind keine Kuscher mehr! Wir sind Weltmeister im Klartext-Reden! Aber Fischer will keine nationale Stolzaufwallung. Auch klar. Daher sagt er solche wahren Sätze nicht. Und ich verlängere und modifiziere mein Angebot an diejenigen, die mir nationalistische Wonnegefühle herauskitzeln wollen. Ich gelobe feierlich folgendes:

Wenn bis zum Jahre 2020 eine Schönheitskönigin aus einem afrikanischen Land für fünf Jahre zur Leihbundespräsidentin gewählt wird, wenn zwei Drittel der Kabinettsmitglieder Ausländer sind und drei Viertel der Bevölkerung der neuen Bundesländer aus Farbigen besteht, dann hin ich so stolz auf Deutschland, daß ich mich vors Brandenburger Tor stelle, zum ersten Mal in meinem Leben das Deutschlandlied singe und mich anschließend festnehmen lasse, weil das bis dahin hoffentlich verboten ist.

9. August 2000

Lieber Osman,

Du fragst mich, ob Du zur Zeit einen Besuch in Deutschland riskieren kannst. Was bist Du noch mal, alter Mestize? Halber Afghane oder etwas in der Art. Extrem exotisch habe ich Dich nicht in Erinnerung. Die Jahre in England haben Dich offenbar europäisiert. Du willst Dir die neuen Bundesländer ansehen, schreibst Du, weil Du eine Tagung über die Literatur in »Post Unification Germany« an der Uni vorbereitest.

Deine Frage kommt eher süffisant als besorgt. Richtig erholsam. Ihr Engländer seid einfach coole Typen. Hier ist Süffisanz beim Thema Neonazis verboten. Hier ist man besorgt. Was heißt »hier«, ich bin zur Zeit nicht hier in Deutschland, sondern in Italien, wo ich ein Buch über die Vorzüge Deutschlands schreiben will oder soll. Ziemlich unkorrekt und nicht ohne Reiz. Ich bin also genau der kompetente Spezialist, der Dir antworten kann.

Ich komme in dieses Buch schlecht hinein, die Zeit läuft mir davon. Deutschland ist ohnehin nicht gerade ein Traumthema, und jetzt schon gar nicht. »Eiertänze« will ich die Essays nennen, weil man in Deutschland so vorsichtig eiernd über deutsche Dinge schreibt. Hast Du eigentlich einmal Sara bei mir kennengelernt? Die meint, wenn ich dieses Buch schreibe, versaue ich mir den Ruf. Sie ist Jüdin und extrem streng mit den Deutschen. Auch Helene und die Kinder sind skeptisch. Sie wollen keinen Mann und Vater, der etwas Nettes über Deutschland sagt. Ganz schön deutsch von ihnen.

Ich habe neulich einen Schlafwagenschaffner kennengelernt, den ich für einen Inder hielt. Es war aber ein dunkler Franke, der im Sommer schon vom Zugfahren braun wird. Ich konnte es nicht glauben, daß seine Familie seit Hunderten von Jahren aus Franken kommt, also urdeutsch ist. Er lud mich ein, um mir ein Bild von seiner Sippschaft zu machen. Weniger komisch, was er mir dann erzählte: In den neuen Bundesländern würde er keinen Fuß auf den Bahnsteig setzen. Dort fühle er sich bedroht.

Vielleicht solltest Du Deinen Rundgang doch lieber in Begleitung machen. Fordere doch einfach bei den Innenministern der neuen Bundesländer Polizeischutz an. Sie werden Dir was husten, und die Reaktionen von diesen Pennern geben sicher wunderbaren Stoff für das Einleitungsreferat Deiner Tagung, zu der Du mich eigentlich einladen könntest. Schließlich spielen drei meiner Romane auch im Deutschland nach der Wende.

Wenn Dich diese DDR-Bastarde jagen, sorge ich dafür, daß Du in die Zeitgeschichte eingehst: englischer Germanist afghanischer Abstammung durch die Straßen von Magdeburg gehetzt. Er wollte eine Tagung über die Literatur in Deutschland nach der Wende vorbereiten. Das sitzt. Aufschrei des Auslands. Im Inland Lichterketten, auf denen Transparente mit Deinem Konterfei getragen werden.

Neulich habe ich mir ein paar neckische Überlegungen über die Deutschen und ihre Hunde gemacht und den Dackel zum Hund der Deutschen ausgerufen. Wenn man dann wieder liest, wie viele Ossis Ausländer Scheiße finden und daß ein Gericht in so einem neuen Bundesland jahrelang braucht, um einen Prozeß gegen eine Killerbande vorzubereiten, die einen Algerier in den Tod gehetzt hat, dann kommt mir mein Plädoyer für das harmlose Dackeldeutschland unhaltbar vor.

Das Land meiner mißratenen Mandantschaft erscheint

dann wieder als ein Zwinger voller blutrünstiger Bestien. Die Engländer haben zwar den scheußlichen Bullenhund gezüchtet, der Deutsche erweckt den Eindruck, selbst dieses Scheusal zu sein. Kaum machen sich rechte Schweine bemerkbar, erscheint mir der Deutsche als nacktes, weißliches, vollgefressenes, massives, zugesoffenes, aggressives Untier. Feige und hinterhältig verfolgt das Untier im Schutz der Meute fremdländische Menschen und treibt sie in den Tod. Das Untier schändet jüdische Einrichtungen und legt Feuer an Behausungen, in denen Ausländer leben.

Du bist, soweit ich mich an Kneipenbesuche mit Dir erinnere, wie viele Ausländer doch auch ein genüßlicher Verspeiser des deutschen Schweinebratens. Man braucht nur so ein Nacktschädelschwein zu sehen, schon wird man für eine Weile zum Vegetarier, weil diese Nazinacken so etwas Schweinefleischhaftes haben.

DAS ist Dein Deutschland, das Deutschland, daß Du verteidigen willst! hat mir besagte Sara neulich flammend zugerufen. Die Korrektheit verlangt es vom guten Deutschen, bei solchen Vorhaltungen demütig den Kopf zu senken. Ich müßte eigentlich auf mein Deutschlandlobbuch verzichten, mich allen Punkten der Anklage anschließen und mein Mandat niederlegen. Denn jede Art der Verteidigung könnte wie eine Rechtfertigung klingen und Wasser auf die Mühlen der Abwiegler und Verharmloser sein. Nichts wäre peinlicher als Beifall von der falschen Seite – und für einen Deutschen ist das aus irgendeinem Grund besonders peinlich. Daher wagten die meisten Linken bis 1989 nicht, kommunistische Zustände zu kritisieren. Die vorlaute Kritik am Kommunismus war ein Monopol der Konservativen. Von denen wollte man nicht hämisch auf die Schulter geklopft werden: Na, habt ihr's endlich kapiert!

Vielleicht aber ist es gar nicht so schlimm mit der Ausländerfeindlichkeit. Vielleicht werden die Zahlen falsch gedeutet? Diese Vermutung kann man natürlich nicht äußern –

ohne sofort für ultrarechts gehalten zu werden. Also schweigt man zu den Vorwürfen. Man zählt die Gewalttaten sorgfältig zusammen und gibt acht, keine zu vergessen. Man warnt und schämt sich unentwegt – fertig aber ist man mit dem Problem noch immer nicht geworden. Man beschwert sich über Zeitungen, die steril und statistisch von »Übergriffen« und »Straftaten« sprechen anstatt von »Verbrechen«.

Ich habe neulich von einem internationalen Ethnologenkongreß gehört. In Deinem England war das übrigens. Da habe ich meine Idee mit den Hunden her, weil ein Ethnologe aus Afrika einen Vortrag hielt, der die Küsse gezählt hat, die ein deutsches Hündchen im Schnitt bekommt. Daraus hat er seine Schlüsse gezogen. Auf diesem Kongreß trat auch eine amerikanische Ethnologin auf. Sie hatte nicht die Hundeküsse, sondern die rechtsradikalen Straftaten in Deutschland zusammengezählt und entwarf ein düsteres Bild vom Deutschland am Abgrund. Offenbar war ihr statistisches Material völlig unzureichend, die Auslegung war schief und ihre Einschätzung der gesellschaftlichen Lage völlig absurd. An der Tagung nahmen auch Volks- und Völkerkundler, Ethnologen und Kulturanthropologen aus Deutschland teil, die sich bei der anschließenden Diskussion aber nicht beteiligten. Sie wußten, wenn sie das soeben eindrucksvoll skizzierte Bild vom fremdenfeindlichen Deutschland relativieren oder gar in Frage stellen würden, würden sie als Abwiegler, Verharmloser dastehen. Dazu hatten sie keine Lust. »Ich werde den Teufel tun und die bekloppten Deutschen in Schutz nehmen! Nachher stehe ich als das letzte nationalistische Arschloch da!« Dieser Satz aus dem Mund eines deutschen Professors wurde während der Tagung nicht ohne Wohlwollen und Amüsement kolportiert.

Gerade das spricht natürlich für mein Deutschlandbuch. Mal mutig alles nicht so schlimm finden. Mal nicht dauernd besorgt den Kopf schütteln oder ihn reumütig senken. Mal nicht unentwegt warnen, mahnen, schämen, trauern, sondern ein bißchen britisch und cool sein. Seit drei Jahren schon trage ich dieses Buchprojekt mit mir herum. Deutschland in die Pfanne hauen ist nun wirklich die leichteste Übung und das langweilig Allerletzte. Kommt für mich nicht mehr in Frage. Zu oft getan. Aber Deutschland deswegen gleich loben und verteidigen – ich weiß nicht, ob das sein muß. Immer wenn ich drauf und dran und bereit war, es endlich zu tun, kam etwas dazwischen. Entweder zogen die Deutschen in den Kosovo-Krieg, oder diese Fremdenhasser schlugen zu – wie jetzt – und an eine Verteidigung Deutschlands war vorläufig wieder einmal nicht zu denken.

Ich muß dieses Deutschlandbuch endlich loswerden. Es zwingt mich zu einer undeutschen Unaufgeregtheit, nach der mir nicht zumute ist und die ich auch gar nicht aufbringen kann. Es hindert mich daran, mich meinem Haß auf die Neonazischweine hemmungslos hinzugeben. Andererseits ist genug Haß entstanden, um mir das Buch zu versauen. Ich merke ja an den Briefen über dieses Buch, die ich in diesen Tagen nicht nur Dir schreibe, wie ich von dem Thema nicht loskomme, wie es mich schwer und unwitzig und zum besorgten Leitartikler macht – also zu dem, was man keinesfalls sein will.

Das wäre ein Filmplot: Autor brütet über einer Komödie. Sie will nicht komisch werden. Rechtsradikaler Terror grassiert, und das regt ihn zu sehr auf. Er besorgt sich martialische Waffen, legt in einem eindrucksvollen Alleingang drei Dutzend Nazis um, geht wieder an den Schreibtisch – und nun gelingt ihm sein Stück in einem Rutsch. Großer Premierenerfolg, und prompt seine Verhaftung, wegen 36fachen Totschlags. Sein Anwalt möchte Notwehrexzeß geltend machen. Aber der Autor bleibt stur bei der Wahrheit: Die Schweine haben mit ihrem rechten Terror mein Buch kaputtmachen wollen. Sie mußten weg! Falls mir der Produzent ein Happy-End zugesteht, könnte der verständnisvolle Richter sagen: Aber das ist doch Notwehr.

Heute ist der 9. August, und langsam glaube ich, daß ich ein witziges Buch über Deutschland in den verbleibenden Tagen nicht mehr hinkriege. Schade. Scham & Sorgen-Bücher von Warner & Mahner-Autoren gibt es genug. Jede bessere Bahnhofsbuchhandlung ist voller solcher selbstkritischer deutscher Schmöker. Deutscher Selbsttadel im Sachbuch ist bestens verkäuflich. Die Arbeitslosen! Die Fremdenfeindlichkeit! Und die Vergangenheit ist immer noch nicht weggearbeitet! Notstand überall. Wenn ein Text für eine neue deutsche Nationalhymne passen würde, dann eine Zeile aus einer alten Seemanns-Schnulze von Freddy Quinn: »Ich mach mir Sorgen, Sorgen um dich ...«

»Angst« ist ja bei Euch zu einem deutschen Fremdwort geworden. Schon gemein: Wo der Deutsche ein so mutiger Krieger war. Ich schlage »Scham« und »Sorge« als weitere Fremdworte vor. Das Goetheinstitut soll da mal ein bißchen hinarbeiten. Es gibt zur Zeit fast kein deutsches Fernsehgesicht, das seine Popularität nicht ausnützt, um ein Buch auf den Markt zu schleudern, in dem gewarnt, gemahnt und sich Deutschlands geschämt wird, in dem besorgt Krise, Stillstand, Rechtsruck und Chaos diagnostiziert werden, um im letzten Kapitel einen »Ausweg aus der Krise« anzudeuten. Gibt es noch eine Chance? Oskar Lafontaine, der erste Finanzminister unserer neuen Regierung, garnierte seinen Abgang von der politischen Bühne auch mit so einem deutschen Sorgenbuch. Er hat Hunderttausende von Mark für seine schwachsinnige Rechthaberbroschüre erhalten. Weder an ihren Inhalt noch an ihren Titel kann sich irgendwer erinnern. Das tröstet.

Obwohl ich keinerlei Lust habe, ernsthafte Überlegungen zur deutschen Frage anzustellen, kann ich nicht anders, als im Vortragston daherzureden, wie ein Zeitgeschichtler, wie ein abgefuckter Leitartikler, wie ein kreuzbraver Fernsehkommentator. Der herbeigeschwappte rechte Dreck erzeugt offenbar automatisch ein Zurückschwappen von Staatsbürgerlichkeit. Ich schreibe Sätze, die ich nicht schreiben will und die mir ganz fremd sind, wie: Nicht die Ausländerfeindlichkeit, aber ihr Ausmaß ist eine Folge der Wiedervereinigung. Man müßte meinen, daß sich eine Krankheit bekämpfen ließe, wenn die Gründe bekannt sind. Daß dies nicht so ist, läßt mich allerdings am Verstand meines miesen Mandanten zweifeln. Wie ist es möglich, daß ein ganzes Volk sich von ein paar rechten Scheißern tyrannisieren und den guten Ruf versauen läßt?

Was für ein Getön! Als Satiriker würde ich vermuten: Dieses Volk will sein Geschmeiß nicht loswerden, nicht etwa, weil es insgeheim rechtsradikal ist, wie allzu emsige Kritiker vermuten, sondern weil es eine Krankheit braucht, über die es jammern kann. Es braucht einen Grund, sich zu schämen und schlecht zu finden.

Immer wird in Deutschland verlegen auf die armen perspektivlosen Jugendlichen im Osten gedeutet. Zerrüttete Familienverhältnisse, Schulversager. Ich kann diese Elendslitanei nicht mehr hören. Es stimmt: Während in Westdeutschland zumindest ab 1968 eine ziemlich vorbildliche, geradezu weltmeisterliche Vergangenheitsbewältigung stattfand, wuchsen die Figuren im Osten in dem Glauben auf, eine solche Aufarbeitung nicht nötig zu haben, weil man ja via Sozialismus quasi automatisch antifaschistisch war. Dann kam die Wiedervereinigung, und die hat den Ärmsten auch noch den Glauben an den Sozialismus und den Arbeitsplatz genommen. Nun bleibt den Verwirrten und Betrogenen kein anderes Ziel als das Totprügeln von Ausländern, auf die sich nun ihr ganzer Haß richtet. Man müsse die Wurzeln des Übels bekämpfen, wenn die Arbeitslosigkeit im Osten Deutschlands endlich zurückgegangen sei, werde auch der Ausländerhaß schwinden. Betuliche Erklärungen dieser Art sind immer wieder zu hören.

Die Zahl der gewaltbereiten Rechtsradikalen ist vergleichsweise gering. Es sind ein paar wenige Tausend. Vielleicht zwei-, vielleicht dreitausend. Ich greife mal ganz nach oben, um nicht als Beschöniger dazustehen und, weil es sich dann einfacher rechnen läßt, sage, es sind achttausend. Das wären bei den achtzig Millionen Menschen in Deutschland 0,1 Promille. Das ist der hundertste Teil eines Prozentes. Jeder Zehntausendste Deutsche ist demnach ein aggressives und gefährliches Nacktschädelschwein. Das ist nicht viel. Aber auch nicht wenig. Wenn einer von vielen Gästen in Hundescheiße getreten ist, stinkt das ganze Haus.

0,1 Promille ist immerhin so viel, daß man diese Figuren in Großstädten auch manchmal durch die Straßen gehen sieht. Sie finden ihr Outfit offenbar schön und tarnen sich nicht. Auch hier habe ich eine satirische Theorie: Die scheren sich kahl, machen sich unansehnlich und geben sich widerwärtig, weil sie im Grunde beseitigt werden wollen. Welcher normale Mensch versucht wie ein Furunkel auszusehen? Ein Furunkel tritt nach außen und sprießt gräßlich auf der Haut, damit es auffällt und herausgeschnitten oder ausgedrückt werde. Neonazis sind nichts anderes als Eiterbeulen der Gesellschaft. Ein scheußlicher Pickel im Gesicht genügt bekanntlich, um das Aussehen zu stören. Schon geniert sich der Betroffene. Furunkelbildung bekämpft man von innen und außen. Der Stoffwechsel muß in Ordnung kommen, das dauert. Bis dahin hilft nur das Skalpell und der entschlossene Schnitt.

Die Gesellschaft aber tut sich und den Furunkeln den Gefallen einer operativen Entfernung nicht. Sie weicht erschrokken vor ihnen zurück und sagt sich, in einer Demokratie kann sich jeder zurechtmachen, wie er will. Bloß nicht an den mühsam errungenen Grundrechten drehen! Leider sind Festnahmen und Inhaftierungen aus ästhetischen Gründen nicht möglich.

Man muß den deutschen Pennern zugute halten, daß nach einer rechtsradikalen Untat das ganze Volk empört ist. Ein Aufschrei geht durch die Presse. Zwei Drittel der Deutschen schämen sich wieder mal. Wenn man seine Staatsbürgerschaft ablegen könnte, wie man aus der Kirche austritt, würden am Tag nach einer spektakulären rechtsradikalen deutschen Untat auch einige Deutsche dies tun – zwar wohl kaum 0,1 Promille der Deutschen, aber doch einige. Meines Wissens bietet kein Staat seinen Bürgern die Möglichkeit eines Austritts aus der Staatsbürgerschaft, vermutlich aus Angst, pleite zu gehen. Würde mich interessieren: Wie viele Deutsche auf ihr Wahlrecht verzichten würden, wenn sie dafür keine Steuern mehr zahlen müßten.

Wir, die guten Deutschen, haben uns maßlos erregt, daß die Dummdeutschen die Einführung der doppelten Staatsbürgerschaft hintertrieben haben, die ja auch kein Grund für einen Anfall von Stolz auf Deutschland gewesen wäre, weil die ja nur internationale Norm ist. Seht her, so engherzig sind wir nicht, hätte man mit der doppelten Staatsbürgerschaft sagen können. Albern. Erst wenn Deutschland als erstes Land der Welt seinen Bürgern das Ablegen der deutschen Staatsbürgerschaft ermöglichen würde, könnte man sich heiter auf die Schultern klopfen.

Dafür ist das deutsche Frühstück gut. Das ist mal etwas Deutsches mit Weltniveau. Das deutsche Frühstück im kleinsten Provinzhotel besteht heute aus den Spezialitäten des amerikanischen, russischen, englischen, dänischen und schweizerischen Frühstücks. Wer auf die Kargheit des deutschen Frühstücks schimpft, ist stehengeblieben. Das war mal. So sind wir nicht mehr. Wir laben uns an internationalen Delikatessen. Unsere dreißig bis vierzig Ökobrotsorten sind weltberühmt. Du bist der einzige Engländer, Osman, der einen nicht mit der Bitte quält, bei einem Besuch auf der Insel einen mehrere Kilogramm schweren Laib eines deutschen Achtkernbiobrots mit applizierten Sonnenblumen- und Kürbiskernen mitzubringen. Dafür hin ich Dir dankbar.

Soll ich jetzt zum großen deutschen Frühstückslob ausholen? Nein. Erstens bin ich mir selbst im Weg. Ich glaube mich zu erinnern, daß ich diese Hymne in einem meiner Romane schon einmal mit gebotener Ironie von einem Protagonisten habe anstimmen lassen. Zweitens fällt mir Bert Brecht ein. Man könnte seinen berühmten Spruch paraphrasieren: Ist ein Gespräch über das Frühstück nicht ein Verbrechen, weil es das Schweigen über die Baseballschläger der Nacktschädel einschließt! Ich bin zwar ganz und gar kein Freund vom selbstgerechten Brecht, aber für eine Ausrede ist er immer noch gut. Falls ich das Buch nicht hinkriege, werde ich mich auf ihn berufen.

Mein Mandant ist nicht der deutsche Staat. Ich habe in meinem Buch, wenn überhaupt, Deutschland und die Deutschen zu verteidigen. Das ist schlimm genug. Den deutschen Staat würde ich nie verteidigen. Nur beklagen. Er ist ein Schwätzer und eine Memme. Natürlich gibt es auch für das staatliche Versagen genügend Erklärungen. Schon werde ich wieder zum Leitartikelschreiber: Die Rechtsstaatlichkeit ist eine Fessel. Nach den Nazijahren sind die Menschenrechte heilig. Jeder Kretin kann sie in Anspruch nehmen. Kretins gibt es gar nicht mehr, das klingt so nach »lebensunwert«, und wer dieses Wort benutzt, gerät sofort in Verdacht, ein Nazi zu sein. Nichts schlimmer, als so zu reden wie die Nazis über die Juden. In ihrer dummen deutschen Ängstlichkeit kapieren die Vertreter des deutschen Staates nicht, daß sie mittlerweile etwas anderes sind als Nazis und die Skinheads etwas anderes als verfolgte Juden.

Man ist gegen die Todesstrafe der barbarischen Amis. Man kann diese Nackschädelschweine nicht einfach aufhängen, obwohl ein großer Teil der Deutschen sie ganz gerne baumeln sehen würde. Ich übrigens auch. Es käme einer Erlösung gleich, wenn sich in Halle und Magdeburg und einer anderen Hochburg des Rechtsradikalismus ein paar Afrikaner und Vietnamesen zusammentäten und ein Dutzend Nacktschädelschweine an ihren widerlichen, feisten Pitbullhälsen aufhängten. Bißchen gruselig, die Vorstellung, aber doch sehr befreiend. Was heißt Lynchjustiz. Das wäre Tyrannenmord. Tyrannisieren uns die Nacktschädel nicht! Jeder gute Deutsche würde sofort einen polizeilich gesuchten Tyrannenmörder bei sich verstecken. So sieht es aus.

Der deutsche Staat kommt mir vor wie ein Luxusstaubsauger, mit dessen kolossalen Vorzügen die Vertreter herumprahlen, mit dem man aber nicht ein paar häßliche und gefährliche Dreckreste wegsaugen kann. »Dreckreste« darf man die Rechtsradikalen vermutlich auch nicht nennen. »Dreck« ist ein Wort, das sie gebrauchen. Das sagt man nicht. Pfui! Fehlt eigentlich nur noch, daß Rechtsradikale einen wegen Volksverhetzung anzeigen können, weil man die Sprache der alten und neuen Nazis gegen sie verwendet.

Die Ohnmacht des Staates ist grotesk. Alle Leitartikler schütteln den Kopf. Ich auch. Ich will aber kein Kopfschüttler sein. Wenn rechtsstaatliche Mittel nicht ausreichen, gibt es normalerweise einen Geheimdienst. Aber Deutschland will noch nicht normal sein. Und dann hat man tatsächlich lang genug schlechte Erfahrungen mit der geheimen Staatspolizei und den Leuten von der Staatssicherheit gemacht. Das waren durch die Bank alles selber Schweine. Wo also kriegt man unbescholtene, aber fähige Geheimdienstleute her? Man muß sie natürlich importieren wie indische Computerspezialisten. Es ist kaum anzunehmen, daß der verschlafene Innenminister darüber nachdenkt, fähige Agenten zum Beispiel vom israelischen Geheimdienst anzuwerben, die uns ein bißchen unter die Arme greifen. Die Neonaziszene ist doch eins, zwei, drei unterwandert. Es kann für Fachleute nicht schwer sein, die paar Hauptfurunkel aufzuspüren, ihnen klammheimlich eine Giftspritze in den Arsch zu stechen und die abscheulichen Leichen diskret zu entsorgen. Wenn die Justiz nicht funktioniert, greift man beherzt zu solchen Mitteln, und zwar ohne das dann jahrelang aufgeregt schnatternde Parlament dazu zu befragen. Welcher normale Mensch hat Gewissensbisse, wenn es darum geht, ein paar widerliche Gestalten, die nur darauf lauern, wehrlose Menschen mit einer anderen Hautfarbe totzuprügeln, rechtzeitig um die Ecke zu bringen. Die alten Geheimdienstmethoden helfen wie Salbe gegen Fußpilz. Die kopflose Szene wäre im Handumdrehen verödet und unschädlich gemacht.

Die politisch raffiniertere und spektakulärere Methode der Schädlingsbekämpfung wäre es, auf das Herkunftsland der zu Schaden gekommenen Opfer einzuwirken, eine Auslieferung der Täter zu beantragen. Etwas kompliziert, wenn es sich um Asylbewerber handelt, die aus ihrem Land fliehen mußten. Trotzdem eine schöne Vorstellung: Vielleicht ließe sich Algerien, notfalls mit dem Versprechen günstiger Waffenlieferungen, bewegen, die deutschen Mörder eines seiner Bürger aufzunehmen, zu verurteilen und anschließend öffentlich zu vierteilen. Weg mit dem Dreck, Fernsehübertragung weltweit. Rechte meinetwegen bei Leo Kirch. Die Vierteilung einiger Skin-Körper mit dem elegant geschwungenen Beduinen-Säbel, und das in Nahaufnahme live, mit anschließender Zeitlupenwiederholung – das könnte warnend wirken.

Unbedingt sollten antisemitische Übeltäter nach Israel gebracht werden. Der Justiz eines verhaßten Volks ausgeliefert zu sein, muß für einen Rassisten eine schmerzliche Vorstellung sein und dürfte abschreckendere Wirkung haben als das schlampige Feststellen von Personalien durch nasebohrende thüringische Polizeibeamte. Skinheads, die sich an armen Iranern in Mecklenburg-Vorpommern vergriffen, müßten in Teheran unter dem Johlen vermummter Frauen gesteinigt werden. Auch das würde Wirkung haben. Die Aufgabe des Außenministers wäre in dem Fall kein lächerliches Gnadengesuch, die Todesstrafe in lebenslange Kerkerhaft zu verwandeln, sondern die Bitte, die Leichen der Nacktschädel vor Ort zu entsorgen. Scheck anbei. Bitte keine Rückführung nach Deutschland, sonst kommen die hinterbliebenen Idioten noch auf die Idee, ihre Kollegen als Helden zu verehren.

Das wäre deutsche Politik, auf die man stolz sein könnte. Aber der Deutsche will auf nichts Deutsches mehr stolz sein. Das hat viele Vorteile, aber den Nachteil, daß er zu erlösenden kathartischen Befreiungsschlägen nicht mehr in der Lage ist. Die Deutschen sind Dackel. Sie sind nicht blöde. Sie werden irgendwann auf ihre beamtenhafte Dackelart mit ihren Neonazis fertig werden. Einen glorreichen Sieg über das Geschmeiß zu erringen, danach ist den Deutschen nicht zumute. Siegen wollen sie keinesfalls. Ganz nett eigentlich. Spricht wieder mal für sie. Aber schon auch schade.

Zu Anfang der 90er Jahre, als in Deutschland unentwegt Ausländerheime angezündet wurden, habe ich ein ganzes Buch über den mir verhaßten schwanzwedelnd winselnden deutschen Dackelstaat geschrieben. »High Noon«. In diesem Buch wenigstens wird zu den bewährten Mitteln des Wilden Westens gegriffen: Neonazis sind hinter einer Gruppe von Lateinamerikanern her und rotten sich an einem Bahnhof zusammen. Höchste Gefahr. Ein Deutscher ist nicht in der Lage, diese deutsche Scheiße zu beseitigen. Sie werden dort also von meinem Helden, einem gewissen Señor Donde, und von drei seiner hübschen Komplizinnen empfangen. Als die Skinheads zur Jagd auf die Ausländer blasen, fallen die ersten Schüsse. Ein Nacktschädel nach dem anderen wird erschossen. Es war ein Genuß, zu beschreiben, wie die Señoritas die Pistole aus dem Ausschnitt ziehen und das Leben der Katastrophengestalten auslöschen. Obwohl ein Roman und keine Antiterrorbroschüre, warf mir die deutsche Kritik besorgt Verherrlichung der Selbstjustiz vor. Ein Mann darf nicht rot sehen. Selbstjustiz ist auch in der Fiktion nur erlaubt, wenn der Rächer am Schluß selbst dran glauben muß. In meinem Buch aber feiert er den Sieg mit seinen schönen Frauen.

Die Lady mit dem Colt. Ich glaube, im deutschen Fernsehen, das vermutlich auch besser als sein Ruf ist, gibt es eine amerikanische Krimiserie mit diesem Titel. Frauen können einfach gerechter Rache üben. Wer »Deutschland den Deutschen« brüllt, hat für mein Gerechtigkeitsgefühl sein Leben verwirkt. Ich bin nicht allein. Ich denke, es sind mehr als 0,1 Promille der Deutschen, die so denken. Peng. Aus. Weg mit Brüllaffen. Resozialisation zwecklos. Besonders apart und ironisch natürlich, die Liquidation der Rassisten von extrem rassigen, undeutschen Frauen vornehmen zu lassen.

Ich habe damals eine wahre Begebenheit in mein Buch hineingenommen: Ein Nacktschädel hatte in der Türkei Urlaub gemacht. An sich schon seltsam, daß so einer das heimatliche Terrain verläßt. Ein kleiner Autounfall, eine offene Wunde, eine Bluttransfusion war fällig. Mit letzter Kraft zog sich der weiße Mann die rettende Kanüle aus der Ader: Ich nehme nur Blut von Deutschen, sagte er und starb wenig später den deutschen Heldentod. Dies als kleiner Beweis für die Lebensmüdigkeit dieser debilen Gesellen. Sie wollen nicht existieren. Kein Wunder, wenn man so aussieht. Man sollte ihren Wunsch nach Kräften unterstützen.

Das deutsche Militär ist auch so eine Sache. Frauen drängen in die männliche Domäne. Sollen wir uns darüber mokieren? Oder ist das ein Zeichen von Philosemitismus. Nehmen sich diese Frauen die Kämpferinnen der israelischen Armee zum Vorbild? Haben die neuen deutschen Frauen genug von den männlichen Memmen, die nie wissen, wo der Gegner ist? Man muß etwas abwarten. Zu hoffen ist, daß sich nicht nur der Typus meldet, der in die Nazizeit aufarbeitenden Filmen für die Rolle der KZ-Aufseherin prädestiniert ist. Frauen müssen gut aussehen, wenn die Rache süß sein soll.

Die einzige Chance, die unser Ziegenbock von Verteidigungsminister noch hat, ist die rasche Ausbildung einer weiblichen Spezialeinheit. Und dann mit drei hübschen Hundertschaften die Neonazis infiltrieren. Wetten, daß das, was die Besorgten immer kopfschüttelnd als »braunen Spuk« bezeichnen, sich im Handumdrehen ausgespukt hätte? Das Ausland hat dann wieder seinen Mythos und Stoff für tausend neue Deutschlandfilme. Diesmal nicht Filme vom bösen Nazi und seiner bösen blonden Nazibraut, sondern von süßen, naturalisierten oder auch der bayerischen Abschiebung geschickt entkommenen Türkinnen und Inderinnen, Vietnamesinnen und Senegalesinnen, Peruanerinnen und Perserinnen, die die Deutschland-den-Deutschen grunzenden Schweinsköpfe im richtigen Augenblick platt- und allegemacht haben.

Genau, Osman: Du läßt Dich auf Deiner Forschungsreise durch die Hölle der neuen Bundesländer von sieben attraktiven und bis zu den Zähnen bewaffneten Ladies begleiten!

10. August 2000

Liebe Silvana,

ich bin in Deinem Italien, Du in meinem Deutschland, wo Du Deinen Körper in Köln neuerdings in einem Fitneßstudio ertüchtigst, wie ich von meinen inoffiziellen Mitarbeitern hörte. Bis Du schon gut in Form? Hast Du nicht Lust, zusammen mit ein paar anderen taffen und scharfen Frauen meinen alten Freund Osman durch die neuen Bundesländer zu begleiten und sein Leben zu schützen. Osman sieht ein bißchen indisch oder afghanisch aus und möchte in Magdeburg und Halle keinen Ärger haben. Ich weiß nicht, ob er meine Warnungen ernst genommen hat, ob es überhaupt Warnungen waren, ob Warnungen angebracht sind oder nicht. Ich fände es jedenfalls toll, wenn Du als die Frau in die Geschichte eingehen würdest, die beim Schutz eines englischen Germanisten ein Dutzend Neonazis in einem sauberen Notwehrexzeß ins Jenseits befördert, und damit die rechtsradikalen Umtriebe in Deutschland gestoppt hat. Wie Du weißt, bin ich auch ein bißchen rassistisch in meiner bedingungslosen Verehrung von rassigen Südländerinnen. Ich glaube, es ist wirkungsvoller, wenn die debilen Nacktschädel von extrem undeutsch aussehenden Frauen liquidiert werden. Du kommst zwar nicht aus Palermo, aber immerhin aus Rom, und das ist mir südlich genug.

Mein neues Buch? Ich soll endlich das schreiben, das ich vor Jahren zugesagt habe. Der schmale Honorarvorschuß ist längst ausgegeben, als Motivation winkt also nur noch der Ruhm, aber der ist mir in diesem Fall besonders ungewiß. Man will zwar keine Deutschlandbeschimpfungen mehr lesen und ich will auch keine mehr schreiben, aber ob man deswegen gleich Deutschland ironisch gut finden muß, weiß ich auch nicht. Ich weiß vor allem nicht, ob ich es zeitlich und vor allem kräftemäßig schaffe. Du als Hantelfrau kennst wahrscheinlich die Freuden des Stemmens von Gewichten. Ich habe noch nie Schwierigkeiten gehabt mit dem Stemmen von Büchern. Gerade der Streß des Finishs macht mich schnell. Meine Konstitution ist gut. Entweder werde ich jetzt alt und wackelig, oder Deutschland ist ein Gewicht, das mir nicht liegt. Nicht, weil es zu viele Kilogramm hätte. Alles Deutsche gilt ja als schwer und gewichtig. Das ist es aber nicht. Es ist mehr die Konsistenz. Deutschland ist wie ein schwerer Pudding. Hättest Du Lust, elfmal hintereinander einen Pudding zu stemmen. Es ist natürlich ein Sojamilch-Biopudding ohne künstliche Aromastoffe, aber das macht ihn besonders unhandlich. Künstliche Götterspeisewürfel in bunt leuchtenden Farben wären mir lieber.

Ich habe mir in den letzten Tagen dauernd überlegt, wofür man Deutschland loben kann. Was ist lieb und nett und sympathisch an diesem Land? Ich kann Dir ein Beispiel geben, das Du als Italienerin gut beurteilen kannst. Seit einiger Zeit ist ein Instrument auf dem beliebten Markt der Küchengeräte, ein Ding, das sich »Spaghetti-Tester al dente« nennt. Böse Zungen behaupten natürlich sofort, das sei typisch deutsch: Die Deutschen müssen alles testen und prüfen, sogar die Nudeln. Jedem Nudelgericht einen TÜV-Stempel.

Das ist nicht wahr. Prüfung muß sein, und Prüfung ist überall. Mit einer Gabel oder einem Kochlöffel in den Topf zu fahren, eine Nudel herauszufischen und zu probieren, ob sie schon soweit ist, ist eine klassische italienische Küchenbewegung. Ob Tagliatelle, Linguine, Farfalle, Penne, Makkaroni, Spaghetti oder wie die anderen tausend verschiedenen Nudelarten alle heißen: sie sollen nun einmal weder zu hart noch zu weich gekocht auf den Teller kommen.

Im Gegensatz zu Eiern werden Nudeln bekanntlich beim Kochen immer weicher. Die ideale Konsistenz kochender Eier kann man nicht prüfen. Von einem Weichei-Prüfgerät weiß ich nichts. Anzunehmen, daß Heerscharen pensionierter Ingenieure sich damit befassen. Noch aber gibt es nur Eieruhren, aber keine Nudeluhren. Zwar gibt es eine Kochzeitempfehlung auf mancher Nudelpackung, aber der trauen nur Anfänger. Die Nudel sollte per Hand beziehungsweise per individuellem Prüfbiß analysiert werden, ehe man sich entscheidet und den ganzen Haufen ins Abtropfsieb gießt.

Seit der Erfindung der Spaghettis werden diese mit irgendeinem in der Küche herumliegenden Besteck aus dem kochenden Wasser gefischt und geprüft. Oft rutschen die Nudeln von der Gabel ab und gleiten zurück ins brodelnde Wasser zu ihren Artgenossen – als wollten sie sich dem Test antiautoritär entziehen. Eigentlich kein Problem, sondern ein schönes Zeichen dafür, daß auch Teigwaren einen Willen haben. Man fischt mit der Gabel ein zweites oder drittes Mal nach, dann hat man eine gefügige Nudel erwischt. Der Ärger von Köchen und Köchinnen über die Schlüpfrigkeit frecher Nudeln hat sich Jahrzehnte oder Jahrhunderte in Grenzen gehalten.

Erfindungen werden aus Mißständen geboren. Irgendeinen erfinderischen Menschen muß das widerspenstige Verhalten der Nudeln geärgert haben. Er sann auf Abhilfe. Dies war die Geburtsstunde des Spaghetti-Testers.

Wären die Deutschen so gründlich und idiotisch wie ihr Ruf, so hätten sie eine Maschine von der Größe einer Fritteuse auf den Markt gebracht, die mit einem komplizierten Mechanismus die Bißfestigkeit der gekochten Nudeln prüft: auf einem kleinen Display erscheint eine Zahl, die die Konsistenz der Teigware angibt. Daß dieses Volk einem Gerät mehr vertraut als seinem Gaumen – das wäre doch ein Zeichen für jene Obrigkeitshörigkeit, die wir von den umständlichen und dummen Deutschen erwarten. Aber nein, der Spaghettitester ist ein längliches, flaches Metallding von der Größe eines Federhalters. Von Ahnungslosen könnte das Gebilde auch für einen Brieföffner gehalten werden, für einen langstieligen Joghurtrührlöffel oder auch für ein Zahnarztbesteck, mit dem in den Lücken hängengebliebene Rindsgulaschreste oder Watteröllchen aus den Höhlen des aufgerissenen Mundes ins Freie gezerrt werden. Das Ding hält nicht dem allerstrengsten Geschmacksurteil stand, könnte aber durchaus mit dem neuen deutschen Werbewort »formschön« bezeichnet werden. Funktionalistische Kritiker würden die Form vielleicht ein bißchen zu gewollt finden, den Schwung einen Hauch zu verspielt. Die reine Häkelnadelform wäre ehrlicher.

Das Ding ist an sich nicht deutsch. Man kann sich nicht vorstellen, daß es ein Germane, ein Sudetendeutscher oder ein Neonazi benutzt. Wer es mag, könnte sogar von schlichter Eleganz sprechen, wer es lächerlich findet, von einer plattgewalzten Pseudojugendstilfigurette oder einer schicken Brancusi-Skulptur. Das Design könnte französisch oder englisch sein. Italienisch eher nicht. Es ist nicht anzunehmen, daß in der Heimat der Spaghetti ein solches Ding erfunden wurde. Dort faßt die Mamma mit der abgebrühten Schwielenhand ins heiße Wasser und holt eine Nudel raus wie der Grisly den Lachs aus der Alaska-Stromschnelle. Vielleicht war der Erfinder ein ehemaliger Sportangler, dem einfiel, daß man Fische mit einem Haken fangen kann.

Egal, wes Nationalität das Hirn war, des Windungen die Idee zu dem Spaghetti-Tester »al dente« entsprang. Das Ding wartet in deutschen Küchenläden auf Käufer. Diese Tatsache erfüllt mich weiß Gott nicht mit Stolz, aber doch mit einer gewissen Zufriedenheit. Sie zeigt, daß im Land des Tiefsinns und der Leitzordner, der Zweckformblöcke und der Betreten-verboten-Tafeln auf den öffentlichen Rasenflächen doch mittlerweile der pure Unsinn endlich sein Recht und seine Nischen gefunden hat.

Der Spaghetti-Tester ist keineswegs ein dumpfes obrigkeitshaftes Prüfgerät, sondern ein Gegenstand von ganz unteutonischer Schlankheit. Er ist nicht bösartig wie ein deutscher Schäferhund. Er ist nicht dumm wie ein Skinhead. Man kann darüber streiten, ob der Spaghetti-Tester edel oder nur möchtegernedel ist. Auf alle Fälle erweitert er die Legion der überflüssigen Dinge um ein weiteres Stück. Das hat etwas Nobles. Der Spaghetti-Tester zeugt nicht nur von der ewigen Italiensehnsucht, die in der deutschen Brust wohnt, sondern auch davon, daß in eben dieser Brust noch Platz ist, für einen Leichtsinn, den man sonst nur den französischen Lebenskünstlern zutraut.

Es ist nicht wahr, Silvana, daß mein Mandant so tiefsinnig ist, auch wenn er das immer wieder von sich selbst behauptet. Natürlich kreidet er sich selbst diese Eigenschaft als etwas Negatives an. Er krümmt sich vor Ärger über seinen angeblichen Tiefsinn und vergißt, daß er durchaus in der Lage ist, 60, 70 oder 80 Mark für einen Gegenstand wie einen Spaghettiprüfer auszugeben. Kein sparsamer kleinlicher Mensch würde das tun. Nur weltoffene großzügige mit dem Luxus lässig umgehende Menschen leisten sich solche Kapriolen.

Im Jahr 2000 wurde den Deutschen klargemacht, daß die Universalversorgung der Rentner der Vergangenheit angehört. In diesem grausamen Schicksalsjahr erwartet man vom braven deutschen Mann ein gewisses Vorsorgedenken, zu dem ihm seine neuen progressiven Politiker raten. Der neue Deutsche aber besitzt die Frivolität, fast 100 Mark für einen unnötigen Gegenstand auszugeben, statt die Summe in die private Altersversorgung zu investieren oder wenigstens zentnerweise Nudeln mit dem Haltbarkeitsdatum 2050 zu bunkern, um später ein sorgenfreies Rentnerleben führen zu können.

Alles erstaunliche und erfreulich undeutsche Tendenzen. Auch der Vorwurf der deutschen Humorlosigkeit und der Mangel an Witz wird durch den Spaghettiprüfer eindrucksvoll widerlegt. Denn wenn ein Ding Witz hat, dann der Spaghettiprüfer.

Der Witz ist angenehm unauffällig und vielfältig. Er besteht zum einen darin, daß dieser Gegenstand wider Erwarten funktioniert. Von einem teuren und überflüssigen Gegenstand erwarten wir das nicht. Es gibt genug Dinge, die teuer und überflüssig sind und trotzdem nicht funktionieren. Teure Autos und Computer haben bekanntlich ihre Macken, sündhaft teure Kleidungsstücke geben nach zweimaligem Tragen ihren kleinen Geist auf und zerreißen irreparabel.

Taucht man aber den Spaghetti-Tester ins kochende Wasser, so wird mit 99,9prozentiger Wahrscheinlichkeit eine Nudel in einer kleinen Kerbe hängenbleiben. Er ist also nicht sinnlos, sondern unnötig und sinnvoll. Eine Häkelnadel, deren Häkchen man etwas aufbiegt, ein Holzstäbchen, in das man eine kleine Kerbe schneidet, würden auch diesen Zweck erfüllen. Ein x-beliebiger Gegenstand aus einem x-beliebigen Material könnte im Handumdrehen mit einer kleinen Säge, Zange, Schere oder einem Messer in ein Instrument verwandelt werden, mit dem man erfolgreich Spaghetti aus dem Topf fischt. In fünf Minuten ließe sich so ein Ding herstellen. Für fünf Pfennige ließe es sich industriell fabrizieren und für 50 Pfennige am Küchengerätestand des Jahrmarkts verkaufen. Das wäre nett. Ein nettes Mitbringsel, wenn man eingeladen ist.

Aber kann man Leuten, die für Hunderte von Mark Delikatessen eingekauft haben, ein 50-Pfennig-Geschenk mitbringen oder gar nur ein selbst zurechtgebogenes Stück Draht? Natürlich könnte man, aber das wäre irgendwie zu rührend, das würde zu bitter an die glücklichen Tage erinnern, als man seine Autoreparaturen und sein Leben improvisierte, Student war und keine Kinder hatte, die kein Interesse am Studieren haben – die sich selbst an schweineteuren Privatuniversitäten in Davos langweilten, falls es die gäbe.

Dies war die zweite geniale Erfinderidee: Wenn etwas schon unwichtig ist, muß es wenigstens teuer sein. Sonst will es keiner haben. Ist mit der Kunst auch so. Nur wenn man sich fragt, ob man nicht verrückt ist, so viel Geld für so viel Unwichtigkeit auszugehen, entsteht Wert. So wurde also eine Edelstahlskulptur gefertigt, der nur noch die Signatur des Designers fehlt, um zum Unikat und Kunstwerk zu werden, und der man ihren Preis ansieht.

Das Ding hat einen netten Nutzwert als Nudelangelhaken. Man probiert es aus – und siehe, es funktioniert. Man spürt das kleine Glücksgefühl, einen Treffer erzielt zu haben. Man wird es ein paarmal benutzen. Man möchte auf das Erfolgserlebnis des Sportanglers nicht verzichten. Die Nudel am Haken. Als alter Psychologisierer überträgt man das Bild sofort: welches Freundchen, welches Flittchen hielte man nicht gern so – und ließe es zappeln. Als Besitzer eines Spaghetti-Testers wird man sich dabei ertappen, daß man manchmal Spaghetti macht, nur um während der paar Minuten des Kochvorgangs einzelne Nudeln herausfischen und testen zu können. Wenn man zu zweit kocht, kann man dem Partner die Nudel mit dem Al-dente-Tester eleganter hinhalten als mit der Gabel, von der sie spätestens jetzt herabgleiten würde. Beim gemeinsamen Bücken nach dem leblos am Boden liegenden Nudelwurm kann man sich allerdings, wenn man das will, näherkommen. Indem man die am Boden liegende Nudel trotzdem in den Mund nimmt, kann man zeigen, wie man dem Besitzer der Küche vertraut – auf solche subtile Kommunikationsformen verzichtet man, wenn man einen Spaghetti-Tester benutzt. Er hat etwas Cleanes.

Der größte Vorteil des Spaghetti-Testers besteht darin, daß man über ihn den Kopf schütteln kann. Man schenkt oder besitzt damit Luxus – und zugleich die Kritik daran. Das Ding ist ein Symbol für den Überfluß, das ist sein eigentlicher Wert. Das nette Nudelfischen ist ein kurzes Vergnügen. Stundenlang aber kann man damit zubringen, sich anläßlich eines gastgeschenkten Spaghetti-Testers über den Wahn des Wohlstands zu unterhalten. Man kann ihn übrigens wunderbar weiterschenken. Sein Nutzwert als Spender kleiner Erfolgserlebnisse verbraucht sich mit der Zeit. Auch wird er sich irgendwann verlieren. Auch ist er trotz seiner »Formschönheit« so unauffällig, daß der normale Schlamper ihn oft nicht findet. Denn der neudeutsche Hobbykoch ist ein eher lässigschlampiger Typ. Säuberlich ist er immer noch, aber kein altdeutscher Ordnungsfanat mehr. Er sucht sein Luxusgerät verzweifelt, denn er hat mit seinem schlechten Luxusgedächtnis ganz vergessen, daß Nudeln ja auch mit der Gabel gefischt werden können. Während er also leicht verzweifelt wie ein Abhängiger nach dem stählernen Glücksbringer sucht, verkochen die Nudeln zu einem Schleimbrei. Wenn das ein paarmal geschehen ist, ist es an der Zeit, sich von seinem Spaghetti-Tester zu trennen und ihn zu verschenken. Die Vorstellung ist amüsant, daß es vielleicht überhaupt nur einen einzigen Spaghetti-Tester gibt, der immer wieder weitergeschenkt wird.

Das Ding ist ein Witz. Und es hat eine gewisse Eleganz, für einen relativ kleinen praktischen Nutzwert relativ viel Geld auszugeben. So ist das nun mal, wenn man im Überfluß lebt. Das ist Luxus. Das ist im übrigen auch Liebe. Ist man nicht bereit, den Gegenwert von zehn oder hundert Spaghetti-Testern auszugeben, um ein bißchen frisches Glück aus dem großen Topf zu fischen? Laden fünfzigjährige Herren nicht unentwegt schöne spaghettitesterschlanke dreißigjährige Frauen auf Reisen nach Madagaskar oder Neuseeland ein, obwohl die Frage vollkommen offen ist, ob sich diese Großzügigkeit erotisch lohnen wird? Man probiert es. Man probiert die Nudeln, man probiert die Liebe. Jetzt auch in Deutschland. Je mehr man dafür ausgibt, desto größer die Hoffnung auf das Glück.

In der Zeit, in der ich Dir nachstellte, Silvana, was hab ich da investiert? War ich deutsch-knauserig oder deutsch-freigebig?

11. August 2000

Liebe Sara,

Silvana hat Dir also meinen Spaghetti-Tester-Brief an Dich weitergeleitet! Sehr interessant. Und etwas lächerlich, findest Du nicht? Du bist offenbar eine Instanz, an die man alle deutschen Fragen weiterreicht. Jetzt will Silvana von Dir wissen, ob sie mich für ein deutsches Arschloch halten soll. Langsam glaube ich, daß Du oberdeutsch bist. Du bist das Prüfgerät, das ansagt, wie deutsch etwas ist.

Ich beharre trotzdem darauf, daß der Spaghetti-Tester ein Zeichen neuer deutscher Leichtigkeit, neuen deutschen Schicks, neuer deutscher Unvernunft ist. Alles nicht so tolle Eigenschaften, aber immerhin alle nicht altdeutsch behäbig.

Neue deutsche Kühnheit. Zumindest Küchenkühnheit. Früher war der Deutsche ein kühner Krieger, das ist vorbei. Jetzt ist er ein kühner Koch, ein kühner Snob, ein kühner Urlauber. Die entferntesten Länder probiert er mutig aus und nimmt das Risiko des Reinfalls lässig in Kauf.

Es ist gemein von Dir, den Spaghetti-Tester als ein Instrument auszulegen, das der Deutsche benutzt, um nudelmäßig auf Nummer Sicher zu gehen. »Nummer Sicher« – ich schenke Dir diesen Ausdruck, verehrte Chefanklägerin, damit Du ihn irgendwann gegen meine Mandantschaft verwenden kannst. Ein Ausdruck, der deutsch zu sein scheint, bis ins

Mark. Frag 1000 Deutsche, wie sie sich selbst einschätzen: »leichtsinnig« oder »auf Nummer Sicher gehend«? Ich bin so leichtsinnig, Dir zu versichern, daß 95 Prozent der Befragten fest in dem Glauben leben, daß sie und ihre Volkskollegen zu so etwas Rasantem wie Leichtsinn nicht in der Lage sind.

Komm mir jetzt bitte nicht mit der Rückfrage, was um Himmels willen ein Gerät, das in nicht allzuvielen deutschen Küchenschubladen zu finden sein dürfte, mit den Deutschen zu tun hat. Ich habe mühsam ausgerechnet, daß nur 0,1 Promille der Deutschen eklige Rechtsradikale sind – und diese Fieslinge gelten als typisch deutsch. Ich weiß nicht, ob es so viele Spaghetti-Tester wie Rechtsradikale gibt. Das wäre eine interessante Vergleichszahl. In jedem Fall kann ich das Edelstahlteil mit demselben Recht zu einem typisch deutschen deklarieren wie Du das Nacktschädelschwein aus Ostdeutschland.

Ich denke, es ist in unser beider Interesse, wenn wir nicht näher klären, welche Deutschen wir meinen, wenn wir von »den Deutschen« reden. Wir könnten sonst das Gefühl haben, aneinander vorbeizureden. Ich mag Dich und will mich nicht wirklich mit Dir streiten. Vor allem liebe ich es, mit Dir einer Meinung zu sein. Wenn Du die Deutschen attackierst, kannst Du nicht genau sagen, auf wen Du eigentlich zielst, oder? Wenn ich dieses Volk zu verteidigen habe, dann kann ich Dir auch keine näheren Angaben zu meiner Mandantschaft machen. Es ist nicht das Volk, denn das mag ich nicht – und in gewisser Weise existiert es auch nicht. Das Volk ist doch wohl eher eine Fiktion – oder ein gelegentlicher unguter Zustand der nationalen Dumpfheit oder fahnenschwenkenden Erregung. Oder eben ein Klischee. Es ist auch nicht die Bevölkerung, die ich im Sinn habe, denn zu der habe ich keinerlei Verhältnis. Es ist erst recht kein statistischer Querschnitt, denn von Statistik halte ich wenig. Als Schriftsteller halte ich gar nichts davon. Statistik ist das blanke Gegenteil von Literatur. Mit Mehrheitsmeinungen kann man keine Romane schreiben.

Wenn ich von den Deutschen oder von Deutschland spreche, dann meine ich damit eine Mischung aus Stimmungen und sich verändernden Einschätzungen und Gewohnheiten, ein Ambiente, das täglich ein bißchen anders riecht. Ich gehe in den Supermarkt und in die Autoreparaturwerkstatt, ich besuche Freunde und quatsche mit Kollegen, ich lese Zeitung und sehe fern. Lauter Eindrücke, die mich umgehen. Ich lese davon gewisse Tendenzen ab. Ich vergleiche von den Medien ausgerufene Trends und von der Werbung gebildete Moden mit dem wirklich sichtbaren Verhalten – aus all dem formt sich mehr oder weniger automatisch ein Bild von den Leuten, die sich Deutsche nennen. Ein subjektiveres Bild als das der Demoskopen und Volkswissenschaftler. Falscher als das Bild der Ethnologen oder der Politiker aber kann das Bild eines Schriftstellers auch nicht sein.

Ich weiß noch immer nicht, ob ich mein Deutschlandbuch machen soll oder nicht. Wenn ich ehrlich zu mir wäre, müßte ich mir sagen, daß es zeitlich nicht mehr zu schaffen ist. Aber ich bin nicht gerne ehrlich zu mir. Zu Dir schon eher. Mir mache ich gern etwas vor. Auch das keine Qualität, die sich als typisch deutsch besingen ließe. Ich habe neben der Briefschreiberei ein paar Anläufe gemacht. Es wurde sofort satirisch und einfach zu überdreht. Gestern brach der Auspuff vom Auto. Es klingt sofort wie ein Maschinengewehr. Ich bin in eine Werkstatt gefahren, der Meister hat die anderen Sachen liegenlassen und in einer Stunde das Rohr wieder an den Topf geschweißt. Ich hatte Zeit, mir die Pin-up-Girls an seinen Wänden anzugucken. Keine so schön wie Du. Diese Vorliebe für autoreifenpralle Riesenbusen ist mir fremd, wie Du weißt. 40 000 lächerliche Lire, 40 Mark und alles wieder gut. Und jetzt eine Reparaturwerkstatt in Deutschland: Sie gebärden sich schon, wenn du anrufst, wie eine exquisite Arztpraxis. Termin erst übernächste Woche. Bis dahin hat sich dein Wutanfall über die Vertragswerkstättenarroganz aufgelöst.

Der Meister empfängt dich, als wärst du ein Angehöriger deines kranken Autos. Ein Oberarzt. Er ist patientenpsychologisch geschult. Ganz ruhig bleiben. Er nimmt erst einmal die Personalien auf. Alles wird in einen Computer eingegeben und dann ausgedruckt. Du unterschreibst den Auftrag. Jetzt erst kann es losgehen: Der Meister legt zärtlich eine saubere Schutzfolie auf den Sitz deines Autos und stülpt eine saubere Schutzhülle über das Lenkrad, ehe er sich mit seinem sauberen Werkstattkittel und seinen Händen, die sauberer sind als deine, ans Steuer deines Wagens setzt und zwei Meter zur hydraulischen Hebebühne fährt. Der Wagen wird in die Höhe gepumpt. Der Meister geht unter den Wagen und betrachtet Röhren und Stangen. Er winkt dich herbei. Du erschrickst. Er wird dir sagen, dein Wagen hat Krebs, den Sommer noch, dann ist es aus. Aber nein. Er nickt dir zu, nicht tröstend, sondern triumphierend. Er sagt: Ein Superauto haben Sie da! Er beglückwünscht dich mehrmals, daß du dich für diesen Typ und diese Marke entschieden hast, die er vertritt. Einen guten Griff haben Sie da getan. Er macht dich zum Kenner. Er adelt dich. Begeistert deutet er auf die Radaufhängung und erklärt schwärmerisch Details vom Bodenblech deines Autos, wie ein Kunsthändler einem Kunden ein etwas rätselhaftes Kunstwerk erklärt. Sekunden der Andacht und des genußvollen Schweigens. Er seufzt fast vor Glück über den guten Zustand deines Autos und über die Raffinessen der Marke. Noch eine Sekunde der Kontemplation, dann winkt er einen kleinen, ebenfalls völlig sauberen Knecht herbei, der dein Auto entfernt. Der Patient verschwindet im Innern der Klinik, aber du weiß, daß er geheilt wird und daß du ihn nach drei Tagen da herausholen kannst.

So sind die Deutschen, liebe Sara. Vor noch nicht mal einem Jahr mußte ich ein Sonntagsvormittagstreffen mit Dir absagen, weil ich bei einem Podiumsgespräch mitgemachte. »Sind wir eine Dienstleistungsgesellschaft?« war die Frage. Vergebung! Es flossen 1000 Deutsche Mark. Die meisten Teilnehmer meinten, der Service in Deutschland könnte besser und die Leute freundlicher sein. Da habe ich diese selbsterlebte Geschichte erzählt. Als Beispiel für den unsinnigen Servicewahn. Um zu zeigen, was dabei herauskommt, wenn Vertragswerkstätten ihre Meister auf Schulungen schicken. Und was sagt eine Kommunikationswissenschaftlerin neben mir, die auf irgendeiner bedeutenden Uni einen Lehrstuhl hat? Diese Ziege sagt mir: Was haben Sie denn, das bestätigt doch die Notwendigkeit von Service und Kommunikation, das ist doch besser, als wenn der Mann unfreundlich gewesen wäre!

Es ist nicht die Sorge, mißverstanden zu werden und mir den Ruf zu verderben, sondern es ist mir plötzlich zu aufrecht, zu rechtschaffen, zu redlich, das Deutschlandbild zurechtzurücken. Wozu eigentlich? Was kümmert es mich, was die Deutschen von sich und was die anderen von ihnen halten! Es ist mir mittlerweile vollkommen egal, und wem es nicht egal ist, schon der ist ein Nationalist. Es ist nichts anderes als Nationalismus, so und so und nicht anders gesehen werden zu wollen.

Diese dauernde Beschäftigung mit nationaler Identität und typischen Nationaleigenschaften war schon immer eine Kinderei. So sind wir nicht – als ich mit dem Verlag den Titel ausheckte, vor über drei Jahren, kam er mir ganz keck vor in seiner Unkorrektheit. Wir sind ganz andere Arschlöcher, als ihr denkt, sollte das ursprünglich heißen. Versuch bitte mal, Dich in die Lage eines aufgeschlossenen Kunden in einem deutschen Buchladen zu versetzen. Und dann siehst Du da ein schmales Buch liegen: »So sind wir nicht!« Würde Dich das an diese sonntagspredigthaften Matineeveranstaltungen in Theatern erinnern, die Titel haben wie »Reden über Deutschland« oder »Nachdenken über das eigene Land«? Komisch: Ich denke seit einer Weile über das eigene Land nach, aber ich würde mir verbitten, diese Überlegungen »Nachdenken über das eigene Land« zu nennen. Jetzt sag bloß, die Deutschen haben kein Stilgefühl. Genau: Sie haben keines. Aber ich habe es, oder etwa nicht!

Nach der Wiedervereinigung ist Deutschland natürlich keine große stolze und mächtige Nation geworden, aber das Interesse für angebliche Nationaleigenschaften ist doch spürbar gestiegen. Es ist natürlich kein wirkliches, ernsthaftes Interesse, es ist mehr so ein Sommerloch-Boulevard-Interesse, das seit einigen Jahren von den Zeitungen und Zeitschriften bedient und geschürt wird. Das sind dann immer diese abgrundtief gegenstandslosen Themen, à la »Die Deutschen und der Sex«. Wieso eigentlich die Deutschen? Sex ist doch auch so interessant. Aber die Verbindung eines Reizthemas mit einer nationalen Identitätsfrage scheint noch mehr Interesse zu wecken. Tenor und Inhalt solcher Berichte sind immer brav antinational: Wir, die immer die Besten sein wollen, stehen ganz hinten in den Umfragen, wenn es um die Aktivitäten im Bett geht. Ganz schlechte Liebhaber sind wir, Großmäuler. Den Franzosen, selbst den Isländern weit unterlegen – so sind wir Deutsche.

Solche Ergebnisse führen niemals zu Leserbrieflawinen. Wenn die Deutschen noch vom alten deutschen Nationalstolz beseelt wären, wenn sie so bescheuert wären, für wie Du sie hältst, Sara, würden sie gegen ihr kümmerliches Image protestieren und behaupten, das sei alles Fälschung. Verschwörung rachsüchtiger jüdischer Statistiker. Aber nein, sie nehmen das Urteil gottergeben hin. So sind wir. Lämmer und schlecht im Bett. Dackel.

Ein andermal ist es der »deutsche Humor«, der untersucht und für unter Sau befunden wird, die »neue deutsche Literatur«, der »deutsche Sport« oder die »deutsche Bildung« – natürlich mit der besorgten Frage: Verblödet das Volk der Deutschen? Links daherkommende Zeitungen wie *Die Woche* unterscheiden sich in ihren reißerischen Deutschlandbezichtigungen kaum noch von der *Bildzeitung,* die jeden an einem Tor vorbeigeschossenen deutschen Fußball als verdientes Zeichen deutscher Schwäche deutet.

Wenn ihnen gar nichts anders mehr einfällt, nehmen sie

sich den »deutschen Adel« vor. Dann schlägt meine Stunde. Redaktionen wollen einen Beitrag von mir. Ich sage ihnen, daß deutscher Adel erstens aus ziemlich genau denselben Schnöseln und Saftsäcken besteht wie der englische, französische, spanische und vermutlich auch der philippinische Adel. Daß er zweitens von einer bodenlosen Uninteressantheit ist, daß es sich darüber zu schreiben also wirklich nicht lohnt. Genau das soll ich dann schreiben.

Du hast mir schon einige Male vorgeworfen, rassistisch zu sein, und ich habe das natürlich immer empört und bravdeutsch abgestritten. Die Beschäftigung mit all diesen schwachsinnigen deutschen Themen, beziehungsweise Scheinthemen oder Nichtthemen, hat wenigstens dazu geführt, daß ich nun endlich weiß, daß ich ein Rassist bin – und zwar mit Vergnügen. Die Erkenntnis hat mir Spaß gemacht.

Wer wenn nicht Du, Sara, weiß, daß am Anfang die Aversion gewesen sein muß. Mord, Krieg, Terror, Vertreibung, all die bekannten Untaten sind Folgen der Aversion. Aversion kommt noch vor Aggression. Sie gilt als Keim des Bösen. Dummerweise sind Aversionen nötig. Denn was wäre eine Welt, in der es so etwas gibt wie Wagneropern, ohne die dringend nötige Aversion gegen eben diese Musik mitsamt den bayerischen Ministerpräsidenten, die beim Defilieren vor Bayreuths Brüll- und Brunststätte den Kopf schräg halten vor lauter Wohlgefallen des Dabeiseins zwischen all den kotzlangen, ofenrohrbeinverdeckenden Abendkleidern.

Was wäre die Welt ohne unsere schönen Aversionen gegen verblödete Kritiker, die erbärmliche Kunstwerke loben. Aversion ist Voraussetzung zur klaren Sicht. Auch im Tierreich.

Die Ziege hat keine Lust auf den blöden Bock. Verständlich. Sie läßt den drängelnden Paarhufer abblitzen. Ihre Abneigung kränkt ihn. Wenn alles gutgeht, macht er aus seinem Gemecker Ziegenbockpoesie und erlangt damit Ansehen. Und jetzt die Gefahr: Ist er zu blöd zum Sublimieren, hoppelt er nach Belgien und wird Zickleinschänder.

Weil nicht alle Belgier pädophile Paarhufer sind, ist diese letzte Bemerkung rassistisch. Wenn sich eine Aversion pauschalierend gegen ein Volk oder gegen eine Volksgruppe richtet, spricht man von Rassismus. Rassismus gilt als das allerschlimmste Gift. Was auf der ökologischen Gefährlichkeitsskala das Plutonium ist, ist ideologisch gemessen der Rassismus. Während man vernünftigen Menschen die Notwendigkeit der Aversion noch auseinandersetzen kann, wird man Schwierigkeiten haben, ihnen den Rassismus als etwas Natürliches zu erläutern. Daran sind nun wirklich die Nazis schuld. Deswegen sollte man das, was sich noch immer rechtsradikal herumtummelt, zusammensammeln, in einen Kerker werfen und von rechtsradikalem Personal bewachen lassen, in der Hoffnung, daß sich dies Völkchen untereinander allemacht.

Bekanntlich gibt es im Osten besonders viele Rechtsradikale, womit ich endlich zum Thema gefunden habe: Denn eben diese Typen – ja, man muß diese Städte beim Namen nennen und sie stigmatisieren: aus Magdeburg, Rostock, Halle und wie hieß noch mal dieses Kaff da hinten am Arsch der Welt: Hoyerswerda –, denen man allenfalls Freigang geben sollte, um sie in besonders authentischen Wagnerinszenierungen in Nibelungenchören mitgrölen zu lassen, in schwere germanische Ketten gelegt, eben diese Furunkel in Menschengestalt, sind ein Grund für meine Ossi-Aversion, wenn auch bei weitem nicht der einzige.

Keiner will die Eiterbeulen ausquetschen, klar, das ist eklig. Also sinniert man vernünftig über die Bekämpfung des Ausschlags von innen. Das dauert natürlich. Nach wie vor kann ich der Ansicht nichts abgewinnen, nationale Gefühle seien etwas Natürliches, das Leugnen dieser Tatsache habe die bösen Buben an den rechten Rand getrieben, wenn erst Deutschland wieder normal in seiner eigenen Mitte ruhe und ein gesundes Nationalgefühl entwickelt habe, werde die Magdeburger Beulenpest schon veröden und das deutsche Antlitz nicht mehr verunzieren.

Das aber möchte ich nicht erleben. Nationale Gefühle sind immer hysterisch. Ich will keine solche Therapie. Vielleicht hält die Verunstaltung des Teints deshalb so hartnäckig an, weil pauschale Aversion als nazinah gilt. Dabei war der Antisemitismus der Nazis keine Pauschalaversion. Die Nazis haßten und verfolgten jeden einzelnen Juden, sie führten penibel Listen nicht nur über die Menschen, die sie vernichtet hatten und vernichten wollten, sondern auch über die Dinge, die man ihnen weggenommen hatte. Zu so etwas Menschlichem wie dem Pauschalieren waren die akkuraten Nazischweine gar nicht in der Lage. Der Pauschalverächter hingegen ist latent reumütig und jederzeit bereit, seine Aversion einzuschränken und Typen lieb und nett zu finden, auch wenn sie aus Magdeburg oder Rostock kommen.

Doch aus Angst, Menschenverachtung vorgeworfen zu bekommen, hält man das johlende Gesocks vorsichtshalber für fehlgeleitete Jugendliche. Ich will aber nicht dauernd herumanalysieren und soziale Ursachenforschung betreiben. Das sollen die christlichen Streetworker tun, die werden dafür bezahlt. Es kann nicht schaden, laut und kräftig in den Osten hinüberzurufen: Solange ihr mit dem rechtsradikalen Geschmeiß nicht fertig werdet, bleibt ihr für uns Bürger zweiter Klasse, basta! Ist dieses Ossi-Aversionsargument rassistisch? Es könnte natürlich auch böse ins westliche Spielfeld zurückgeschmettert werden – wenn die Ossis besser Tennis spielen könnten. Aber diese hochfeudale Sportart hat sich natürlich im proletarischen Osten nicht entwickeln können.

Also wenn Du mir künftig mit Deiner Aversion gegen die deutsche Herrenrasse kommst, dann solltest Du einen Unterschied machen zwischen der kultivierten Idiotie des Westens und dem grunzenden Wahn des Ostens.

12. August 2000

Lieber Osman,

lebst Du noch? Du wolltest in den letzten Tagen Sachsen und Thüringen besuchen. Ich habe extra in den Onlinezeitungen im Internet nachgesehen, aber bisher nichts von einem gelbhäutigen englischen Professor gelesen, der Opfer eines Überfalls wurde. Hat sich meine Ex-Allerliebste Silvana bei Dir gemeldet? Natürlich nicht. Sie hat meinen Vorschlag sicher nicht ernst genommen. Sie sieht phantastisch aus und macht Kampfsport. Vater Partisan gewesen. Von ihr gegen rechte Gewaltverbrecher in Schutz genommen zu werden, muß der Himmel sein. Wenn sie eine Deutsche wäre, würde man sagen: Aha, typisch neue deutsche Powerfrau. Aber Silvana ist Italienerin.

Typisch deutsch – typisch dies, typisch das. Ich will es nicht mehr hören. Die Spätfolgen der Wiedervereinigung sind die einzigen Phänomene, die tatsächlich unverwechselbar typisch deutsch sind. Kein anderes Land hat das zu bieten. Insofern ist Deine Post-Unification-Tagung tatsächlich sinnvoll. Ich warte immer noch auf eine Einladung. Ich würde gerne auf Eurer Tagung genüßlich meine Aversion gegen die ostdeutschen Katastrophenfiguren ausbreiten. Ich pflege diesen internen Rassismus neuerdings mit Inbrunst.

Die Deutschen haben sich benommen wie die Schlächter, und jetzt braten sie auch noch eine Extrawurst. Kein anderes

Volk hat solche historischen Besonderheiten zu bieten. Wenn ich Deutschlandhasser von außen wäre, würde ich das den Deutschen verübeln: Ihnen ist nun schon das zweite Mal von der Geschichte durch selbstverschuldete Katastrophen unbezahlbares Aufarbeitungsmaterial zugekommen, an dem sie sich abmühen, bewähren und profilieren können. Internationale Bewährungshelfer assistieren. Ich meine so Leute wie Goldhagen. Ich kann das Geschrei seiner Kritiker nicht verstehen, die seine Geschichtsschreibung nicht wissenschaftlich genug finden. Diese auf Wissenschaftlichkeit pochenden Historiker und Ethnologen sind ein Graus. Typisch deutsch, auch wenn sie aus Polen oder Kanada kommen. Ich finde, Goldhagen geht noch viel zu milde mit den deutschen Mitmacherschweinen ins Gericht.

Ein anderer Glanzpunkt der Wissenschaft war die Kritik an der Wehrmachtsausstellung, in der Bilddokumente soldatischer Kriegsverbrechen gezeigt wurden. Die Reaktionen der Öffentlichkeit auf diese Ausstellung waren peinlichst und sind mitverantwortlich dafür, daß ich mein Deutschlandbuch nicht schon vor drei Jahren geschrieben habe. Ein Völkchen, das sich derart empört verhält, wenn man seinem Militär den Spiegel vorhält, kann man nicht einmal ironisch in Grund und Boden oder in den Staub Brandenburgs loben, das kann man nur wortlos verachten, fand ich. Offiziersgreise traten zitternd und zeternd hervor, schrieben Leserbriefe im Stil von So-sind-wir-nicht! und beharrten darauf, die überwältigende Mehrzahl der Soldaten habe nur ihre Pflicht getan und sei in keinerlei Kriegsverbrechen verwickelt gewesen, die Ausstellung zeige also ein Zerrbild. Als wenn es darauf ankäme! Als wenn die korrekten Schüsse der Soldaten diesen Scheißkrieg in irgendeiner Weise weniger verheerend machen würden! Andrerseits gab es diese Ausstellung, und sie wurde trotz allen Geschreis fortgeführt und gut besucht – also doch wieder ein Punkt für Deutschland. Und dann eben kamen mit einem Mal die Wissenschaftler. Nicht deutsch, sondern international. Sie kamen und bewiesen höchstwissenschaftlich, daß einige Fotos der Ausstellung falsch zugeordnet waren. Soundso viele gezeigte Kriegsverbrechen seien nicht von den deutschen, sondern von den Soldaten anderer Armeen verübt worden. Das kommt von diesen widerwärtigen Uniformen. Alle sehen gleich aus. Nur noch Zeitzeugen und eben Wissenschaftler können die fiesen Jacken und Hosen auseinanderhalten und identifizieren. Und diese wissenschaftlichen Vollidioten, diese profilierungssüchtigen und publikationsgeilen und pensionsberechtigten Universitätsschleiereulen erzeugten in allen möglichen Artikeln einen solchen Druck, daß die Ausstellung zurückgezogen und nun überarbeitet wurde.

Ich hasse, lieber Osman, wie Du weißt, das Militär wie die Pest und habe mich darüber gewaltig geärgert. Deswegen mag ich auch die Juristen nicht: Ein kleiner Formfehler der Gerechten, und schon hat der gewonnen, der im Unrecht ist. Fast alle Fotos zeigten Wehrmachtsverbrechen – und nun entsteht dank der Rechthaberei einiger Historiker der Eindruck einer großen und mutwilligen Fälschung. Dabei weisen die falsch zugeordneten Bilder doch nur auf eine Binsenwahrheit hin, die man auch nicht vergessen sollte: daß Krieg einfach immer und überall zu Kriegsverbrechen führt.

Sei froh, daß Du Germanist bist. Ich verstehe zwar nicht, wie Du ausgerechnet dieses Fach wählen konntest. Ist denn die deutsche Dichtkunst so schön? Jedenfalls kann man mit einer philologischen Disziplin nicht so viel Schaden anrichten. Die deutschen Ethnologen, über die ich mich in meinem letzten Brief an Dich lustig machte, weil sie auf das übertrieben gezeichnete Bild ihrer amerikanischen Kollegin vom deutschen Fremdenhaß nicht reagierten, müßten für ihre politische Schläue gelobt werden. Ihr empörtes und vermutlich begründbares So-sind-wir-nicht! hätte womöglich zu einer Revidierung des amerikanischen Zerrbildes geführt – und den Eindruck entstehen lassen, in Ostdeutschland sei jeder Schwarze herzlich willkommen.

Laß mich noch ein paar Gründe für meine Abneigung gegen die Ossis anführen, in der Hoffnung, ich profiliere mich damit für Deine Tagung. Ich pflege diese Aversion übrigens besonders gerne, weil sie eine Spielart des deutschen Selbsthasses ist. Selbsthaß ist etwas Ähnliches wie Narzißmus, nur sympathischer. Selbsthaß ist ein Zeichen einer entwickelten Kultur. Ein kulturloses Volk wie die Amis ist nur in sehr begrenztem Maß zum Selbsthaß fähig. Ganz anders die Russen, die literarisch nachweisbar seit etwa 150 Jahren ihren Selbsthaß pflegen und ihre Trägheit bejammern.

Ein US-Hollywoodaffe hingegen findet es toll, wenn er dynamisch seinen Oscar schwenkt. »Wow!« sagt er strahlend und bedankt sich bei Mum und Daddy, weil sie ihn zur Welt gebracht haben. So infantil ist nicht einmal ein Provinzmafioso aus Sibirien.

Es ist nicht die feine Art, die Amis als grinsende Trimmschimpansen abzutun und Russen als plumpe Kartoffelkörper. Aversionen gegen das eigene Volk sind angemessener. Die Deutschen haben allen Grund zum Selbsthaß, üben diesen auch einigermaßen fleißig aus, nur sind die Ressourcen langsam erschöpft. Die Altnazis sind wirklich bald hinüber, die Neonazis sind wirklich nicht die ganz große Gefahr, die Vergangenheit ist wirklich ziemlich korrekt bewältigt – und spätestens seit der Walser-Rede vom Herbst '98 ist klar, daß sie nie ganz bewältigt sein darf, daß immer so ein Bewältigungsknabberzipfel übrigbleiben muß, an dem die Nachgeborenen sich abarbeiten können. Alles ziemlich vorbildlich. Die Gründe für den Selbsthaß werden rar. Die Bayern machen einen auf Hightech und hassen die Preußen nicht mehr, und die Preußen, die Waschlappen, hassen die Bayern nicht, obwohl ihre neue Devise »Mit Laptop und Lederhose« doch wirklich hassenswert ist.

In diesen Zeiten der gähnenden deutschen Toleranz ging die Mauer auf, und es wurden uns die Ossis geschenkt. Endlich neue deutsche Unarten hautnah. Endlich wieder jede

Menge schöne frische Gründe für Aversionen gegen unser eigenes Volk, das gleichzeitig auch ein anderes war.

Sie haben was, was wir nicht haben. Sie haben ihre gottverdammte DDR-Geschichte, und das ist vergangenheitsbewältigungsmäßig ein traumhaftes Kapital. Aber was tun sie? Nichts! Sie jammern, schwärmen und dösen nostalgisch herum, streichen echtes Westgeld ein, was ihnen gegönnt sei, und beklagen die rauhen Sitten und das falsche Gold des Westens – eine kecke Reaktion auf unsere zwangssolidarische Spende. Sie sind vorlaut und können sich im Ausland nicht benehmen, was den Vorteil hat, daß man sich als Deutscher im Ausland endlich einmal wieder seiner »Landsleute« genieren kann, wie man die Stammesgenossen in dem Fall nennt. Die Westdeutschen waren durch ihre manischen Urlaubsreisen ganz weltläufig und polyglott geworden und fielen schon gar nicht mehr peinlich auf. In den 80er Jahren waren Holländer, Briten, ja Franzosen und sogar Italiener gelegentlich schon deutscher, das heißt lauter und häßlicher als die Deutschen. Und natürlich die Belgier. Die Belgier hatten den Deutschen den Rang abgelaufen und galten als die abscheulichsten europäischen Touristen. Dann endlich Vorhang auf. In den frühen 90er Jahren fielen Angehörige der russischen Mafia auf, die sich in Restaurants am Adriastrand über die ungewohnten Nudelgerichte und die mangelnden Russischkenntnisse italienischer Ober beschwerten. Seitdem den furchterregenden Gestalten aus Moskau und Nischni Nowgorod das Geld ausgegangen ist und die Belgier sich so schämen, daß sie nicht mehr wirklich, sondern nur noch virtuell verreisen, hat dank der Zonis das schon verblaßte Bild vom ungeschlachten deutschen Krampfsack wieder Kontur angenommen.

Alles Äußerlichkeiten. Geschenkt. Wir wollen kein sächsisches Ächzen hören, sondern in eure Seele blicken, Brüder und Schwestern, zeigt her eure Wunden. Es wird Zeit. Zehn Jahre währt nun schon euer Wehklagen. Zehn Jahre nach 1945 gab es zwar auch in der westdeutschen Literatur noch keine großen Enthüllungsknüller, aber ihr müßt ja nun nicht ganz so lange warten wie wir hier in der Bundesrepublik, die wir die wirklich informative Nazi-Mitmacher-Autobiographie überhaupt nie geschrieben haben, weil offenbar Mitmachen und Sichselbstbeobachten sich ausschließen. Aber ganz so schlimm wie die zwölf Jahre Nazizeit waren eure 40 Jahre DDR ja nun nicht. Also ran!

Aber was machen die Zonis mit ihrem unvergleichlichen Erfahrungskapital? Sie haben ein paar flotte Bücher geschrieben wie »Simple Stories« und »Helden wie wir« – aber wie peinlich das Leben in der DDR wirklich war, erfährt der Mensch aus dem Westen aus diesen Zeugnissen nicht. Trinkt man mit einem der Zonis, die sich unserer Pauschalaversion entziehen, ein paar Gläser zungelösenden Weins, erfährt man manchmal kurz vor dem Umkippen etwas Zuherzengehendes von der trüben Drangsal ihrer vergangenen Jahrzehnte – dann schweigen sie wieder auf diese unvergleichlich verdruckste Ossiart: trotzig grinsend, in sich hineinwissend.

Eine unausstehliche Manier, eine Unart, die man auch bei Finnen, Schotten, Dänen, ja Basken und natürlich Belgiern beobachten kann. Die Ossis erst haben der Welt eine Bezeichnung für jenes schwer zu benennende Verhalten geschenkt, für jenes Hervorkehren einer wichtigtuerischen Undurchschaubarkeit, verbunden mit andeutungsweisem Raunen und plötzlichem Verstummen – als wäre es nie und nimmer möglich, das, was das Innerste der Schotten- oder Basken- oder Finnen- oder Ex-DDR-Seele bewegt, einem Nichteingeweihten je erklären zu können. Seit Auflösung der DDR wissen wir: Selbst Südafrikaner, selbst Eingeborene aus Sumatra können ossiartig sein, das heißt auf eine Weise aus dem T-Shirt gucken, als wüßten sie was und könnten es nicht sagen. In Wahrheit aber nichts als schlecht getarnte Denkarbeitsunlust und die Unfähigkeit, aus Demütigungen Triumphe zu machen, indem man sie souverän beschreibt.

Klar, daß diese Ossiunart im Westen auch verbreitet ist, vor allem natürlich bei jenen intellektuellen Figuren, die das Pech hatten oder so blöd waren, ihren Fortschrittsglauben an einen Saftladen namens DDR zu koppeln. Während die maoistisch orientierten K-Gruppen in den 60er und 70er Jahren auf so weltfremd-chinesische Art links waren, daß sie ihre weltrevolutionären Hoffnungen rückblickend leicht als Spinnereien abtun können, schleichen die ehemaligen DKP-Linken, deren Aktivitäten zum Teil von der DDR finanziert wurden, mit ossihaft undurchschaubaren Hermann-Kant-Mienen umher und werden ihre interessanten Verstrickungen vermutlich noch weniger offenbaren als die Originalossis. Die Geschichte des westdeutschen Schriftstellerverbands und seiner DDR-Verbindungen wäre ein spannendes Buch, das vermutlich in 25 Jahren einmal von einem schottischen oder kanadischen oder kamerunischen oder chinesischen Germanisten verfaßt werden wird.

Mein Leben war so ossiarm. Keine Verwandten drüben gehabt, seinerzeit. Nicht einmal Studienjahre an der FU in Westberlin mit Mauernähe. Nur ab und zu diese Fahrten auf der Interzonenautobahn, und dann das Sächsisch der Wichser an der Grenze ertragen müssen, das in Westohren zum repressiven Spaß-Dialekt schlechthin wurde. Mitgliedschaft im Verband deutscher Schriftsteller wie die Pest gemieden, dadurch keinerlei Berührungen mit schleimig sich ranwanzenden DDR-Literatenkollegen, kein Vermissen von Weimar und Wartburg. Die DDR und ihre Bewohner waren mir völlig fremd und weitgehend einerlei. Der einzige vital irritierende Affekt war, daß man über Honecker ähnlich dachte wie die *FAZ*.

Vor vielen, vielen Jahren, als Erich Honecker noch lebte und regierte und als der Legende nach die Duftwolken der Trabbis den Himmel über Mecklenburg-Vorpommern verdüsterten, als die Leipziger Bahnhofshalle noch von unzerstörter Größe war, als man noch nicht so genau wußte, daß Millionen von Ostdeutschen die Möglichkeit hatten, ihre Selbstwertgefühle mit seltsamen Überwachungstätigkeiten zu heben, als im Westen der Wochenzeitung *Zeit* das *Zeitmagazin* noch beilag – 1987 muß es gewesen sein, da fragte mich die Redaktion eben jenes Magazins, ob ich mir vorstellen könnte, einen deutsch-deutschen Briefwechsel über die immerwährende Schicksalsgrenze hinweg mit einer Person aus der DDR zu führen, auf daß wenigstens im hortus conclusus der *Zeit* ein ost- und ein westdeutsches Gemüt sich näher kämen. Und eben weil ich nichts von unseren Nachbarn wußte, weil ich wirklich etwas zu erfahren hoffte, was die da drüben so umtreibt, ließ ich mich auf die Sache ein, die sich ein dreiviertel Jahr quälend hinzog, mir eine gewisse Publicity, aber wenig Erkenntniszuwachs einbrachte.

Die als regimekritisch geltende, aber vom Regime doch geduldete Autorin Monika Maron war meine Briefpartnerin, von der ich anfangs wirklich wissen wollte, wie es sich so lebt in einem Saftladen namens DDR. Ich hatte rasch das Gefühl, daß sie meinen Fragen unentwegt auswich – und bis heute habe ich nicht herausbekommen, ob eben dieses pikierte Ausweichen, diese naseweise Verstocktheit typisch ossihaft ist oder ob es sich um eine regimeübergreifende Unart handelt. Es sind ja schließlich auch im niederträchtigen Westen – ich schätze mal – 95 Prozent der Leute, die sich einem verschließen. In einem US-Provinznest dürften es 99 Prozent sein, mit denen mir Kommunikation nicht möglich wäre.

Interessant war, daß von wöchentlich etwa 200 Leserbriefschreibern etwa 80 Prozent meine Briefpartnerin vor meinen westlichen Witzen in Schutz nahmen. Der Mehrzahl der *Zeit-Abonnenten* sprach Monika Maron also aus dem Herzen, woraus ich folgere, daß die Mehrzahl des deutschen Möchtegernbildungsbürgertums ossihaft ist, das heißt verdruckst, leise empört, tuschelnd, verschlossen und beleidigt darüber, daß man die Tiefe des stillen Wassers nicht anerkennen will.

Einmal schrieb ich, um meine Ping-Pong-Partnerin etwas zu reizen, daß ich mich durchaus mit dem westlichen System arrangiert habe und daß ich fände, selbst Systemkritiker müßten sich aus Gründen der Logik in irgendeiner Form und bis zu einem gewissen Grad mit dem System arrangieren, um überhaupt existieren zu können. Ich kann mich noch an den kitschig verlogenen Schwall erinnern, den die pragmatischen Worte bei meiner Partnerin auslösten und mit dem sie mich belehrte: Der Künstler habe subversiv und Anarchist zu sein und Widerstand zu leisten, Arrangement sei das Ende! Wieder wußte ich nicht, ob ich dieses erboste Protestantenpathos typisch ossihaft finden sollte oder nicht. Solchen Schwachsinn konnte man schließlich auch in bescheuerten Kunstkritiken in angesehenen westlichen Zeitungen lesen. Oder war die westdeutsche Kunstkritik damals vom Osten unterwandert? Alles rätselhaft. Und wenn mir jetzt deutsche Bekannte (zu 90 Prozent immer noch Westdeutsche) von dem Deutschland lobenden So-sind-wir-nicht-Buch abraten, dann kommt mir diese Empfehlung irgendwie alt-ossihaft vor. Man hat nicht nur dem Staat, sondern auch seinem Land und seinen Leuten kritisch gegenüberzustehen und darf sie nicht einmal ironisch preisen. Diese Mahnung kommt mir jetzt so dermaßen typisch deutsch vor, und zwar so gesamtdeutsch bescheuert, daß ich Lust bekomme, sie in den Wind zu schlagen. Nichts ist undeutscher als ein Lob Deutschlands, denke ich. Aber undeutsch sein zu wollen ist eben auch eine typisch deutsche Sehnsucht, das ist wieder der Haken. Alle Nationen stecken in Schubladen, aber die deutsche hat sich zudem in eine Zwickmühle begeben.

Nun, Jahre später, nach der Liquidation der DDR, stellte sich heraus, daß ein Leben in der DDR für einen Autor natürlich ohne ein gewisses Arrangement gar nicht möglich war. Was soll's. Der Briefwechsel ist vergessen. Der Fischer Verlag hat ihn im Herbst 1988 als Buch herausgebracht, miserabel verkauft und dann auf irgendwie auch ossihafte Art vom Markt verschwinden lassen, was gut zu diesem Dokument paßt, das ich als Verlegerin zehn Jahre nach der Wende nicht noch einmal als Taschenbuch angeboten hätte. Nichts. Und das heißt: Die muffligen Schweiger, die elanlosen Abwarter, die zweideutigen Grinser, die Typen, die einen auf undurchschaubar machen, die ossihaften Nichtstuer eben gibt es überall, in Einwohnermeldeämtern wie in alten westdeutschen Verlagen – und vor allem in der Mongolei.

Ich wüßte gern, mit welchen Gefühlen meine Ex-Zwangspartnerin an diesen Briefwechsel zurückdenkt. Nein. Ich wüßte es nicht gern. Ich würde es wieder nicht verstehen. Ich selbst jedenfalls denke mit gemischten Gefühlen daran. Ich habe in meinen Briefen, soweit ich mich erinnere, meine Beißhemmung gegenüber den DDRlern thematisiert, die damals noch nicht zärtlich Ossis oder Zonis genannt wurden. Aber ich habe nicht nur selbstironisch über diese Beißhemmung geschrieben, ich hatte sie wirklich. Und eben das ärgert mich heute noch immer. Ich habe mich von der maulig-mopsigen Zonentussi-Art meiner Briefpartnerin und den ihr zur Seite stehenden Zeit-Leser-Hundertschaften davon anhalten lassen, das zu schreiben, was ich wirklich dachte.

Einmal schrieb sie mir, sie habe auf einer endlich genehmigten Reise nach Zürich in München Station gemacht. In einem Lokal sei sie Zeugin geworden, wie sich der Kabarettist Gerhard Polt an einem Tisch mit anderen Gästen über die DDRler lustig machte. Abgestoßen von Polts Imitationskunst, teilte sie mir diese Beobachtung als Beweis für die Arroganz des Westens mit.

Und nun beginnt meine Schuld, die ich seit Jahren mit mir herumtrage und abzuarbeiten versuche: Ich Arsch ging auf diese verdammte verdruckste Ossizonentussiart ein. Ich beschwichtigte Madame, und verteidigte Polt. Mit einer Behutsamkeit, für die ich mich nach mittlerweile zwölf Jahren noch immer ohrfeigen könnte, erklärte ich lang und breit, daß Polt kein Rassist sei, daß er nichts gegen die armen eingesperrten DDRler habe, im Gegenteil, daß das Imitieren von DDRlern doch kein Denunzieren sei, sondern ein erkenntnisförderndes

Mittel der Satire, wie auch das Imitieren von Leuten, die die überaus menschlichen DDRler für Untermenschen oder Menschen zweiter Klasse hielten, und so weiter.

Anmaßend, verstockt, gekränkt – völlig ossihaft eben, war ich gemahnt worden für eine frevelhafte und vielsagende Verfehlung des Westens. Eine politische Unkorrektheit unter der Gürtellinie war von meiner wachsamen Partnerin aus dem Osten entdeckt worden, und ich war gezwungen, dazu Stellung zu nehmen. Und Schimpf und Schande über mich, daß ich der Frau aus dem Osten geduldig den Westen und seine Witze erklärte, als gälte es, eine mißtrauische Behörde zu besänftigen. Die verfluchte Beißhemmung war es, die mich abhielt zu schreiben: Aha, man war in einem schicken Lokal in München? Ich gratuliere der Elevin, daß sie Ausgang bekommen hat. Im übrigen finde ich, daß man sich über jedes Land und jedes Volk gar nicht genug lustig machen kann. Warum soll man die komischen Ostdeutschen ausnehmen. Was seid ihr denn für Mimosen da drüben! Ihr habt ja nun wirklich eine ganz besonders komische Art, den Mund zu halten und an einem vorbeizugucken. Sie können doch nicht abstreiten, daß man eine Gestalt aus der DDR schon auf eine Entfernung von 200 Metern an der säuerlichen Art erkennt, wie sie über die Straße geht.

Ich habe immer mehr Vorbehalte gegen mein So-sind-wir-nicht-Buch. Tu mir einen Gefallen, Osman, und rate mir ab. Als echter Deutscher höre ich auf Stimmen aus dem Ausland. Wenn mir ein deutscher Volkskollege (ich versuche dieses Wort einzuführen, bisher erfolglos) abrät, dann treibt mich das eher an.

Es wäre auch schon mein viertes Buch über Deutschland. Das ist nicht normal. Das ist doch schon Wucherung! Ich hatte diesen »deutsch-deutschen Briefwechsel«, der mir jetzt wieder hochgekommen ist, ganz vergessen. Das war mein erstes Deutschding. Zwei Jahre später dann die Wiedervereinigung, die ich mit einer Schmähschrift begrüßte. Ich nannte das Buch »Von deutscher Bulimie – Diagnose einer Freßgier«, weil ich das enthemmte Verschlingen der DDR wirklich unappetitlich fand – und weil abzusehen war, daß dieses Benehmen zu Übelkeit und Brechreiz führen mußte. Ich habe in dem Bulimie-Buch zwar einen langwährenden deutsch-deutschen Geschwisterhaß prognostiziert, nicht aber den spezifisch ostdeutschen Fremdenhaß. Als der dann nur wenig später ausbrach, war das wirklich eine echte böse Überraschung. Immerhin hat meine Streitschrift nun schon zehn Jahre lang recht behalten mit der Vermutung, die Wiedervereinigung werde Deutschland nicht zu einer kraftstrotzenden Großmacht machen, wie manche Mahner & Warner Brothers im In- und Ausland damals befürchteten, vielmehr würden eine Menge Konflikte das junge Glück der ost-westlichen Geschwisterehe trüben und die neue Nation eher schwächen.

1994 habe ich mich nicht entblödet, diesen High-Noon-Western zu schreiben, den ich in meinem letzten Brief an Dich erwähnte. In dem werden die üblichen Haßfiguren wie der heute 2000 immer noch meckernde Stoiber, der damals noch amtierende Fladenkohlkanzler, aber auch das damalige volkstümliche Nationalheiligtum, der Bundespräsident Herzog, erledigt – nebst sämtlichen rechtsradikalen Schreihälsen. Es machte mir Spaß, in diesem Buch, in dem es um nichts anderes als die deutsche Lage geht, kein einziges Mal auch nur die Silbe »deutsch« vorkommen zu lassen. Und jetzt also zur Abwechslung mal ein in Lob gepacktes Abwatschen Deutschlands und der Deutschen? Ich weiß nicht. Ignorieren wäre feiner, aber fein sein ist auch plemplem.

Gerade habe ich eine etymologische Vermutung: Seit einigen Jahren ist das Wort »Teil« Mode geworden. Jedes Stück nennt man jetzt ein »Teil«. Ein Kleidungsstück, eine Hose ist ein Teil. Haste das Teil gesehen, fragten die schlampigen Kinder ihre Eltern, und längst haben die das Wort übernommen: Ob Brillen, Bücher, CD-Player, Küchengeräte oder ein ganzes

Motorrad – lässig spricht man von einem »Teil«. Jetzt meine Spekulation, die Dir vielleicht so absurd vorkommt wie mir, aber beweise mir mal das Gegenteil: Weil Deutschland nicht mehr geteilt ist, weil es die einem liebgewordenen, so hübsch unnationalen zwei deutschen Teile nicht mehr gibt, schafft man sich mit den Gegenständen des Alltags Ersatz für seine unganzheitlichen Gefühle und sein Bedürfnis nach Teilen.

So sind wir nicht – aber wer ist wir? Mein Mandant ist schwer zu definieren. Von dieser Unklarheit leben vermutlich alle Deutschlandbücher – wie auch die Bücher über die Liebesdinge. Man weiß so wenig, wer die Deutschen sind, wie man weiß, was die Liebe ist, um mal einen freundlichen Vergleich zu verwenden. Das Undefinierbare macht diese Nationaleigenschaftenzuordnerei wie das Aufsaugen von Sex-und-Eros-Informationen zu so einem beliebten Zeitvertreib.

Wer ist mein Mandant? Wen habe ich zu verteidigen? Die intellektuellen Rotgrün-Wähler? Oder den Fernsehquotenplebs? Oder die fernsehmistglotzenden intellektuellen Rotgrün-Wähler? Die Ossis jedenfalls nicht. Sie lehne ich als meine Mandanten ab, weil ich zu wenig von ihnen weiß. Ein anderer Anwalt müßte sich ihrer annehmen, sie in Schutz nehmen und ihre Vorzüge preisen. Sie haben ein eigenes Buch verdient. Mein So-sind-wir-nicht-Buch, das ich nun nicht mehr schreiben kann, wäre in jedem Fall nur die Ausgabe für die westliche Zone.

13. August 2000

Liebe Elizabeth,

warum hast Du Dich nicht ein paar Tage früher gemeldet? Vielleicht hättest Du mein Buchprojekt retten können, zu dem es jetzt zu spät ist. Wir haben lange nichts voneinander gehört und hören lassen. Wie üblich. Als Kavalier nehme ich die Schuld auf mich, nachdem ich Dich an Deine Unart erinnern habe: Einmal im Jahr beklagst Du Dich in maximal sieben hübschen Zeilen über mein Schweigen, worauf ich Dir jedes Mal mit Hunderten von Zeilen antworte. Nach einem weiteren Jahr schreibst Du, ich schriebe nie, und wenn, dann nur von meinen neuen Buchprojekten. Und dann besitzt Du die Dreistigkeit, Dich nach meinen neuen Buchprojekten zu erkundigen. Wir wären ein furchtbares Ehepaar geworden.

Du denkst vielleicht, ich bin nicht lernfähig, wenn ich Dir immer wieder lang und breit und egozentrisch Antwort gebe. Vielleicht ahnst Du auch, daß die Briefschreiberei an so entzückende Intelligenzschönheiten wie Dich einen Gockel wie mich anspornt, daß das eitle Berichten von Büchern, die geschrieben werden sollen, ein Weg zu eben diesen Büchern ist. Du hast natürlich keine Zeit, meine Bücher zu lesen, klar, wer eine interessante Tätigkeit hat, kann nicht auch noch Bücher lesen, und schon gar nicht die von verflossenen Möchtegernliebhabern, in denen man womöglich dreckige Anspielungen auf sich entdeckt. Möglicherweise hast Du nicht einmal Zeit, meine Briefe zu lesen? Das ist nicht herauszukriegen, denn wenn Du mir in einem Jahr antwortest, haben wir sowieso beide alles vergessen.

Ich brauche jetzt zum Lesen und Schreiben eine Brille. Es hat Vorteile, vor allem, wenn ich sie nicht finde. Neulich las ich ohne Brille »egonomisch« statt des langweiligen Designerworts »ergonomisch«. Wäre mir nie eingefallen, durch das Weglassen eines simplen Buchstabens ein so nettes neues Wort zu erfinden. Vielleicht lasse ich einen künftigen Romanhelden mit einer an Dir angelehnten Figur auf irgendeiner Terrasse einen Smalltalk über die Qualitäten dieses neuen Worts abhalten. Vielleicht ist er Schriftsteller, und sie sagt: »Sie sind heute wieder so schrecklich egonomisch!« Und er weiß nicht, ob sie genial oder nur ungebildet ist.

Die Buchprojekte also: Ich habe mittlerweile drei oder vier Romane im Kopf, zu denen ich bisher nicht kam, weil ein verabredetes Buch fällig war und im Weg stand – über Deutschland! Zur Abwechslung mal ein Lob. Es steht nicht mehr im Weg. Es stand. Es ist vorbei. Aber nicht, weil es fertig ist. Es ist das erste Buch, das ich nicht hingekriegt habe, so wie ich wollte.

Die Vorstellung, das deutsche Ding zu loben, reizte mich anfangs. Dann kam eine Zeit, wo es mir unmöglich schien. Dann wieder machte mir das Loben plötzlich besonderes Vergnügen: Ich hatte richtig Lust darauf, zu Deutschland wie ein selbstherrlicher Vater zu seinem ungezogenen Kind zu sein: ab und zu ein paar freundliche Worte, dann wieder Ohrfeigen austeilen, Strafen androhen. Zuckerbrot und Peitsche. Ziemlich unsympathisches Erziehungsmodell, aber erstens will ich Deutschland nicht erziehen, und zweitens macht es Spaß, mal so richtig launisch und ungerecht und unberechenbar zu sein.

Ich wollte Deutschland als ein Volk der Dackel beschreiben. Nicht Dichter und Denker, nicht Richter und Henker, sondern im internationalen Tiervergleich eher harmlose Haushunde, die gern im Auto sitzen und verreisen, im Flugzeug nicht kotzen, ungern oder gar nicht gehorchen, ein bißchen knurren, ab und zu mit dem Schwanz wedeln, drollige Sprünge machen und meistens die Ohren im Wind flattern lassen – und ja, doch, ich gestehe es: nicht ganz unbeliebt sind auf der Welt. Doch dieses vermaledeite Deutschland als Gegenstand eines geplanten Buchs hat mein Denken immer enger gemacht. Dafür kann es nichts, aber dennoch hasse ich es dafür.

Vielen Dank für die Videokassetten. Normalerweise würde ich sagen: Toll, was Ihr da macht bei der BBC. Die Idee, x-beliebigen Bürgern eine kleine Videokamera in die Hand zu drücken und sie anzuleiten, einen kurzen Dokumentarfilm über ihr Leben zu drehen, funktioniert großartig. Die Filme, die Du mir geschickt hast, ich lüge nicht, beeindrucken mich mehr als die Werke aller Videokünstler der Welt, die mich in den letzten Jahren bei meinen Frustrationsgängen durch Kunstausstellungen genervt haben.

Nun ertappe ich mich dabei, daß ich Deine BBC-Sachen nicht einfach gut finden kann, sondern wegen dieses Deutschlandbuchs ständig vergleiche: Dazu ist der deutsche Dackel wieder zu dumm, denke ich prompt und versuche, wie ein Winkeladvokat diese Unfähigkeit meines minderbemittelten Mandanten in irgendeinen Vorteil zurechtzudrehen.

Zum Beispiel, daß die deutschen Boulevardzeitungen nicht so abgrundtief schlecht sind wie die englischen. Das Ärgste, was wir hier haben, ist die *Bildzeitung,* die gegen die englische *Sun* ein Intelligenzblatt ist. Und doch habe ich mich schon oft und vorschnell an der *Bildzeitung* versündigt. Ich möchte nicht wissen, in wie vielen Polemiken ich dieses Blatt als Zentralmetapher für deutsche Dummheit benutzt habe. Selber dumm! Billig, ordinär und unbedacht von mir. Ich bereue und verordne mir hiermit demnächst zwei Wochen *Bildzeitung*-Lektüre – und mir schwant jetzt schon Furchtbares: daß dieses Blatt sich als unterhaltsam, witzig und ausländerfreundlich erweisen wird.

Der Ausruf So-sind-wir-nicht! kommt mir plötzlich vor wie

eine *Bildzeitung*-Schlagzeile, nein, eine ganze Sommer-Serie, in der dieses Deutschland, das ich als verdrehter Intellektueller eiernd umtanze, sich kurz und bündig und ohne meine Verrenkungen, die ich aufführe und zugleich den Deutschen unterstelle, als völlig vernünftiges Land offenbart.

Neulich soll bei einem *Bildzeitung*-Kommentator die poetische Ader des Kolumnisten durchgebrochen sein, erzählte mir ein Literatenfreund, der im Gegensatz zu mir regelmäßige *Bildzeitung*-Studien betreibt. Er konnte sich nicht mehr genau an die lyrischen Zeilen erinnern, und ich kann mich nicht mehr genau an seine Erinnerung erinnern, aber sinngemäß lautete die kleine Hymne folgendermaßen, die an einem unfreundlichen Wintertag zu Beginn des Jahres 2000 erschienen sein muß:

> Schnee oft im Winter, naßkalte Füße.
> Blüte im Frühjahr.
> Im Sommer nicht selten die Sonne.
> Und bunte Blätter im Herbst.

Natürlich war es lapidarer. Es war so knapp, daß es nicht einmal kitschig war. Die Zeilen hatten nicht dieses Pseudojapanische, das durch meine stümperhafte Nachdichtung hineingekommen ist. Und dann stand da noch als letzte Zeile, als fünfte Jahreszeit sozusagen, das, worauf es ankommt:

> Ist es nicht schön hier in Deutschland!

So idiotisch diese Zeilen sind – stimmen sie nicht irgendwie? Nein, ohne »irgendwie«. Stimmt es nicht, was da steht. Inhaltlich meine ich. Hat der Kommentator nicht völlig recht? Freuen wir uns nicht auf das Frühjahr. Sagt man das nicht dauernd? Wie schön ist der Frühling! Warum soll es nicht mal geschrieben werden? Und ist die Abwechslung der vier Jahreszeiten nicht tatsächlich eine hübsche Entschädigung für im

Winter gelegentlich kalt werdende Füße? Gut, die vier Jahreszeiten dieser Art gibt es überall in Mitteleuropa und in entsprechenden Breitengraden. Aber die Deutschen haben, behaupte ich mal, ein besonders inniges Verhältnis zu ihnen. Ich phantasiere jetzt, bin aber ziemlich sicher, daß in keinem Land der Welt mehr Versionen der Vivaldischen »Vier Jahreszeiten« auf CD existieren und auch gekauft werden als in Deutschland. Das ist der Beweis für des Deutschen Neigung zur Abwechslung. Und auch für ihren Internationalismus. Vivaldi ist schließlich Italiener. Wir mögen Kunst aus dem Ausland. Wir sind weltoffener, als wir wissen.

Im Augenblick bin ich in Italien. Ich hatte mich Anfang August in der albernen Hoffnung hierher zurückgezogen, um unbelästigt vom deutschen Alltag mit seinem deutschen Fernsehen, mit all seinen deutschen Zeitungen, seinen deutschen Gesichtern, seiner deutschen Sprache, seiner neuen deutschen Rechtschreibung, mit seinem geschmacklosen deutschen Telekom-Rosa und dem grauen deutschen Wetter, dem deutschen Wasser und dem deutschen Aktienkursgequatsche endlich mein Deutschlandlob zu Papier zu bringen. Keine deutschen Touristen hier, also auch keine Zeitungen, die einen täglich auf neue Ideen bringen und ablenken. Nur das, was sich im Lauf der Zeit auf meiner Festplatte unter dem Stichwort »deutsch!« angesammelt hatte, und einen Schuhkarton mit ein paar im Lauf von drei oder vier Jahren ausgeschnittenen Zeitungsartikeln zum Thema, geordnet nach »Deutschland blöd« und »Deutschland gut«, hatte ich mitgenommen – auf alle Fälle, falls mich meine Erinnerung im Stich lassen würde, aus der ich lieber schöpfe. Nun schreibe ich längst mit einem Laptop, mit dem ich meine Post per E-Mail machen und mal kurz ins Internet gehen kann. Und bei dem harmlosen Nachsuchen nach einem Jazz-Song von 1936 bemerke ich einen Haufen Jazz-Filme, die das Hessische Fernsehen ausstrahlt, und ich denke mir gerade, daß solche famosen

Filmreihen sicher nur im deutschen Fernsehen zusammengestellt werden, nur deutsche Gründlichkeit und deutscher Eifer sind zu einer solchen Großfleißtat in der Lage, und daß ich das erwähnen müßte in meinem Deutschlandlobbuch, das ich im übrigen schleunigst schreiben sollte, um zurück nach Deutschland zu fahren und mir wochenlang all diese alten Jazz-Filme im geliebten deutschen Fernsehen anzusehen. Leider stolperte ich beim Verlassen der Seite über einen Hinweis auf die ehrenwerte *Frankfurter Rundschau,* und schon war ich im Bilde, was Anfang August 2000 neonazimäßig in Deutschland wieder mal geboten wird. Dann kamen auch noch Freunde von Nora und David vorbei und brachten mir ein paar Kilo frische Zeitungen. Seitdem habe ich die Krise, was mein Buch betrifft, das mir schon ohne Neonazigejohle nicht ganz leicht erschien, nun aber ganz unmachbar.

Jetzt weiß ich auch, warum mich der Verlag nicht anruft, der eigentlich Druck machen müßte, denn die Zeit wird knapp. Sie rufen mich nicht an, weil ich sie unschuldig fragen würde, was zu Hause, wie man so sagt, los sei, und wenn sie mir dann von dieser neuen Ausländerhaßwelle erzählen, könnte es schon sein, daß ich die Geduld verliere und sage: Über dieses Scheißdeutschland kommt von mir kein positives Wort, aus, Ende! Euer So-sind-wir-nicht-Buch könnt Ihr selber schreiben! So sind wir eben doch, wie uns Kritiker von außen und innen vorwerfen: Ein Volk, das immer noch nichts begriffen hat. Von wegen harmloser Dackelstaat, Deutschland ist ein Verein verkommener und gefährlicher Schwätzer, unfähig, seiner tollwütigen Bestien Herr zu werden – so unfähig, daß man nur noch denen Recht geben kann, die behaupten, dieses Land will seine Bestien gar nicht beherrschen. In diesem Land kann man nicht leben. Nachdem die angeblich lahmarschigen Österreicher ihren reaktionären Dressman an die Macht haben hüpfen lassen, haben sie wenigstens einen ordentlichen Schrecken bekommen und sind blitzschnell aufgewacht. Die aufrechten Deutschen werden bis zur Adventszeit brauchen, um wieder mal eine unheimlich friedlich verlaufende Lichterkette zu organisieren, auf der dann in ostwestlichen Fürbittgesängen der Opfer der neonazistischer Gewalt gedacht werden wird. Ich mache mich ja lächerlich, wenn ich über dieses Land meine Witze mache und ihm ein paar zynische Tips zur Beseitigung seiner Rechtsradikalen gebe.

Aus. Ende. Schluß mit lustig. Schluß mit Deutschland. Drecksland! Hört nicht auf sein Friedensgelalle. Kauft keine deutschen Produkte. Schickt Eure BMWs und Mercedesse und Porsches zurück. Nehmt Deutschland international in die Mangel. Knebelt es! Boykottiert es! Isoliert es! Liquidiert es! Es hat keinen Sinn mit diesem Deutschland, Drecksland, Pack-und-Gesocksland. Land der Kretins. Es hat keine Widerstandskräfte. Es braucht einen zweiten 8. Mai 1945. Macht es fertig. Teilt es auf. Zerlegt es wieder in Zonen. Macht den Osten platt, macht in Rostock oder sonstwo einen zweiten Nürnberger Prozeß. Laßt alle Rechtsradikalen hinrichten, bis hinunter zum Alter von sechs Jahren. Lehnt Gnadengesuche deutscher Mütter ab. Inhaftiert alle NPD-Mitglieder wie deren Anhänger. Macht allen politischen Schwätzern den Prozeß. Nehmt jedem Deutschen seinen Computer weg oder verwehrt ihm den Internetzugang. Ersetzt alle Lehrer und Juristen durch alliierte Fachkräfte. Exekutiert Minister und Ministerpräsidenten. Dieses Land versteht nur die Sprache des Krieges. Ich leiste Abbitte, weil ich drauf und dran war, dieses Land der Unbelehrbarkeit als harmlos und normal zu beschreiben. Ich möchte nicht in Deutschland geboren worden sein. Ich bitte um Auslöschung meiner nationalen Identität.

Elizabeth, ich kann die Deutschen nicht ausstehen! Antworte mir bitte nicht erst in einem Jahr, sondern sofort. Schreib entweder: Die Deutschen sind wirklich das Letzte, nicht umerziehbar. Schreib mir, daß ich mich nicht länger mit diesem Geschmeiß beschäftigen soll, daß jeder Tritt in den Arsch dieser Nation verlorene Mühe ist! Oder schreib mir, ich solle mich nicht so anstellen, ich sei ein typisch deutscher Jammerlappen. Ob ich denn glaube, daß es in London keinen Rassismus und keine Bombenanschläge gäbe? Auf den königlichen Inseln würden zwar die Juden weniger belästigt, und es gäbe zu viele Farbige, als daß die von den Weißen alle totgeprügelt werden könnten, dafür sprengten sich, wie man wisse, verschiedene Christengruppen wechselseitig in den Himmel, von dem, was sie Moskau anstellen, ganz zu schweigen.

Weiß schon, Elizabeth: Engländer sind ja auch keine unbrutalen Randalierer und Pauschalisten. Trotzdem will ich wissen: Wie sieht das von London aus aus, wenn in Deutschland der Dreck hochkommt?

Habe ich Dir von Sara erzählt? Sie ist die wütendste Frau der Welt, und ich liebe ihr schwarzes funkelndes Wüten. Sie ist Jüdin wie Du, es hat sie nach Deutschland verschlagen, und sie haßt dieses Land. Die Abneigung verbindet uns, obwohl sie Deutschland mit einer solchen Penetranz haßt, daß ich ihr oft widerspreche. Sie macht mich mit ihren Bezichtigungen zum Beschwichtiger, und dann bezichtigt sie mich wieder. Ein unterhaltsames Spielchen. Mit diesem Deutschlandbuch wollte ich auch ihr eine Botschaft schreiben: Reg Dich nicht so maßlos auf, Furie, man kann hier durchaus leben. Wir lachen oft, so ist es nicht. Ich habe ihr vorgeschlagen, dafür zu kämpfen, daß jeder Asylbewerber monatlich eine Entschädigung von 30 000 Mark erhalten muß, für die Zumutung, als Ausländer in Deutschland leben zu müssen. Der bayerische Ministerpräsident, der ohnehin aussieht wie ein knickriger Schalterbeamter, muß das Geld jeden Monat persönlich auszahlen. Hinter ihm steht eine schwarze Domina aus dem Kongo oder aus Burundi, schlägt ihn ab und zu mit der Peitsche und sagt: Gib den Leuten das Geld etwas freundlicher, du bigottes Mieswürstchen!

Juden, die in Deutschland leben, darauf besteht Sara, müssen natürlich die dreifache Summe bekommen. Das leuchtet ein. 90 000 im Monat. Wenn das alles geregelt ist, darf ich mein So-sind-wir-nicht-Buch über die Deutschen schreiben, sagt sie. Nun werde ich das Buch nicht schreiben, und der Deal tritt nicht in Kraft.

Es ist nicht nur die deutsche Furunkulose, die einen gern woanders sein läßt. Das Leben besteht ja nicht aus Krankheit. Allein wenn ich sehe und schmecke, daß hier in Italien ein Liter Wein in einem angenehmen Ristorante fünf Mark kostet, und dann daran denke, daß ich in München dafür nicht mal ein Zehntelgläschen bekomme und daß sie in Berlin Schickmitte für ein Zehntelgläschen die dreifache Summe haben wollen – wie soll mir dann einfallen, was an Deutschland gut ist. Vielleicht sollte ich daran denken, was der Wein bei Euch in England kostet oder in Amerika oder in Schweden. Bei Deinem Antialkoholismus, liebe Elizabeth, werden Dich diese Überlegungen kaltlassen. Ich aber brauche das Zeug, um ab und zu die Lebensqualität auf ein respektables Niveau zu heben – übrigens auch die der gesamten Familie. Meine Kinder haben schon weißen Wein heimtückisch in grüne Mineralwasserflaschen gefüllt, im Auftrag von Helene, meiner Frau und ihrer Mutter, nehme ich an. Wenn ich mich mit einem kräftigen Schluck Wasser erfrischen wollte, goß ich stattdessen Wein in mich hinein – und aus war es mit meiner Konzentration. Jedes Mal eine Überraschung. Tatsächlich, ich brauche regelrechte Weinspülungen wie andere Leute Wadenwikkel oder Einläufe, um meinen deutschen Fleiß zu drosseln. Wein entdeutscht mich. Nur Wein macht mich zu einem passablen Ehemann und Vater. Nüchtern bin ich nichts als ein emsiger deutscher Depp.

Bier trinke ich selten, ich nenne es Volksverdummungsbrühe. Brauereien riechen gut, das ist ein Pluspunkt, finde ich. Deutschland ist berühmt für sein Bier, alle Welt mag den Saft, den es exportiert. Dafür loben sollen es andere, die vierschrötigen Kanadier meinetwegen, die nach meinen Nachforschungen übrigens die lautesten Herumgröler und nach Biergenuß die enthemmtesten Herumrülpser sind. Als die Kinder klein waren, wollten sie unbedingt zelten, und wir wollten bei der Gelegenheit die wirklichen Seiten des Lebens kennenlernen. Daher weiß ich, daß nichts auf der Welt dröhnender ist als rülpsende Kanadier. An zweiter Stelle stehen die Australier. Die Deutschen, denen man immer vorwirft, laut zu sein, sind vergleichsweise mucksmäuschenstill. Der Bierkonsum in Deutschland ist, las ich neulich, weiter am Sinken, wieder ein Pluspunkt. Mein Mandant lernt langsam, sich zu benehmen, finde ich, und ich muß mich nicht mehr ganz so genieren, ihn zu verteidigen. Das überschüssige Bier werden sie vielleicht nach China exportieren, die haben sicher Nachholbedarf. Und kein Arbeitsplätzchen gerät in Gefahr.

Ganz besonders muß ich, wenn ich schon dabei bin, die deutschen Autofahrer loben. Stimmst du in Deutschland vor deutschen Autofahrern ein Loblied auf deutsche Autofahrer an, so rutschen sie verlegen herum und kichern, denn was sie erwarten, sind verdiente Schmähungen auf ihre instinktlose Fahrkunst, ihren Autofetischismus, ihre grenzenlose Raserei. Falsch. Falsch. Falsch. Sie fahren wie Götter, jedenfalls verglichen mit den Italienern. Die Deutschen halten sich selbst für verrückt, weil sie keine Geschwindigkeitsbegrenzungen auf den Autobahnen haben. Die Politiker können sich gegen die Autolobby nicht durchsetzen. Großes Gezeter aller Vernünftigen, die auf die umsichtigen Nachbarländer deuten. Man bezichtigt sich wieder einmal selbst, typisch deutsch und unbelehrbar zu sein. Selbst der rasante Italiener, heißt es dann, habe Vernunft angenommen und sein Tempo gedrosselt. Hier irrt meine Mandantschaft gewaltig. Tatsächlich liegt die gesetzlich festgelegte Höchstgeschwindigkeit auf der italienischen Autostrada bei 130. Ahnungslose Ausländer, die sich auf eine entsprechend gemütlich-entspannte Fahrerei gefreut haben, werden sich aber wundern. Nirgends wird so besinnungslos gehetzt, werden so enthemmt alle Kräfte aus den Autos herausgeholt, wird irrwitzig nah aufgefahren, so unflätig mit der Lichthupe gedroht, so aggressiv rechts überholt, so lebensgefährlich geschnitten, so bösartig auf Langsamere geschimpft, so stolz in die Nebelwände hineingerauscht wie in Italien. Gesetze sind für den Italiener zum Brechen da, nur deswegen gibt es die Geschwindigkeitsbegrenzung. Angst vor der Obrigkeit ist dem kühnen Südländer fremd. Auch an vorschriftsmäßig dahinschleichenden Polizeiautos rast er vorbei, jeder Polizist akzeptiert die freie Fahrt der freien Bürger, keiner wird je die Verfolgung aufnehmen oder sich eine Nummer notieren. Leider fahren die Italiener nicht so gut wie schnell. Nirgendwo sonst türmen sich bei Massenauffahrunfällen die Blechpyramiden der ineinandergerasten Fahrzeuge derart hoch in den Himmel wie in der Gegend so hübscher Städte wie Bologna und Florenz. Die Landstraßen sind gesäumt von Blumengestecken. Überall dort haben sich Italiener bei aberwitzigen Überholmanövern zu Tode gefahren. Wer als Fußgänger auf einem Zebrastreifen eine lebhaft befahrene Straße überqueren will, kann nicht mit der geringsten Schonung rechnen. Nur in Moskau fahren sie noch grausamer. Bei glimpflich verlaufenden Unfällen tauschen deutsche Autofahrer zerknirscht ihre Versicherungsnummern aus, kratzen sich am Kopf und sagen sich: Es hätte schlimmer kommen können. Italiener aber, ich habe es selbst gesehen, fallen vor ihren blitzenden Wagen auf die Knie, raufen sich die Haare und beweinen die Beule, als sei ein Kind zu Tode gekommen. Als Autonarren aber, die bei jedem Kratzer ausrasten, gelten die Deutschen.

Dieses Kapitel ist nationalmerkmalsmäßig deswegen interessant, weil diese völlig offenliegenden, Tag und Nacht erfahrbaren Tatsachen absolut nichts an der Legende ändern, daß der Italiener ein rasanter, aber genialer und äußerst rücksichtsvoller Fahrkünstler sei, der Schrammen im Lack fröhlich hinnehme, der deutsche hingegen ein dumpf rasender Stümper, ein todessüchtiges, chromfetischistisches Untier. Beide völlig falschen Klischees werden von beiden Nationen völlig blind reproduziert. Selbst wenn Deutschland eine autounfallfreie Zone wäre, würden sich die Deutschen für zwar erstklassige Autobauer, aber leider entsetzliche Autofahrer halten. Umgekehrt wird jeder Deutsche, der bei einer Fahrt durch Italien wegen barbarisch drängelnder Italo-Raser drei Dutzend Male nur haarscharf dem plötzlichen Verkehrstod entging bis zu seinem wirklichen Tod behaupten, die Italiener seien großartige Autofahrer. Selbst Michael Schumacher, den die Italiener zärtlich »Schumake« nennen, der doch als völkerverbindende Symbolfigur für die Wahrheit des Gegenteils steht, für gute italienische Autos und deutsche Fahrkunst, kann die Macht der festsitzenden Nationalklischees nicht brechen.

Ich weiß gar nicht, ob man auch von Klischees spricht, wenn die Behauptungen stimmen? Die deutschen Zeitungen jedenfalls gelten allgemein als gut, und das sind sie auch. Natürlich gehören Kritik und Selbstkritik zum Gewerbe. Daher machen fast alle seriösen Zeitungsredakteure ihre Blätter ein bißchen herunter. Das geschieht nicht etwa aus der angeblich typisch deutschen Selbstschlechtmacherei heraus wie bei den Autofahrern, sondern mehr aus der Warte des Begabten und Begüterten, der es nicht nötig hat, mit seinem Vermögen und seinem Können zu prahlen. Kaum ein Redaktionsleiter wird einen Schriftsteller um einen Beitrag bitten, ohne vorher kokett und kollegial die Mängel seiner Zeitung aufzuzählen. In diesem Punkt ist Deutschland schon fast britisch. Fehlt nur noch, daß die redaktionellen Selbstbezichtigungen von Blättern wie der *Süddeutschen Zeitung,* der *Frankfurter Allgemeinen,* der *Frankfurter Rundschau,* der Tageszeitung *taz,* der *Zeit,* der *Woche* und des *Spiegels* auf englisch vorgebracht werden, dann wäre das Understatement perfekt. Diese Zeitungen sollen von anderen kritisch gewürdigt werden. Ich hingegen muß noch einmal auf die *Bildzeitung* zurückkommen, denn da habe ich etwas nachzuholen und echt deutsch aufzuarbeiten.

Die *Bildzeitung* ist selbstverständlich zu solcher kultivierten Selbstkritik nicht in der Lage. Ihre raffinierte und gleichzeitig naive Ungebrochenheit ist ihre Stärke und ihr Charme. Ich habe sie, ihre Macher und ihre Leser Jahrzehnte immer nur verachtet, bloß weil das Billigblatt in der Steinzeit politisch unter aller Sau war. Es ist aber mittlerweile kein konservatives Hetzblatt mehr. *Bild* wettert gegen Fußballspieler, die ihren Frauen das Tragen von Miniröcken verbieten wollen. *Bild* meint: Schäm Dich, alter Spießer! Und *Bild* setzt sich auf seine putzige Kleinbürgerart auch für Ausländer ein. Ich bezweifle, ob die englische *Sun* so freundlich ist.

Vor etlichen Jahren hatte ich bei einer Tagung über deutsche Boulevardzeitungen ein sogenanntes Impulsreferat oder Provokationsreferat zu halten, das die auf einem Podium versammelten Blattmacher in Diskussionsstimmung bringen sollte. Es klappte nicht. Ich habe ihre Blätter dermaßen angegiftet, daß sie nicht wie geplant übereinander herfielen, sondern alle zusammen über mich. Einer, der damals ein Heft namens *Focus* vorbereitete, das mittlerweile längst erfolgreich läuft, aber nicht zu den lobenswerten Zeitschriften Deutschlands gezählt werden kann, versuchte mich mit dem Argument mundtot zu machen, ein Autor, dessen Essaybände lächerliche 10- oder auch 20 000 Käufer fänden, sei nicht kompetent, sich über Zeitungen zu äußern, die zwei Millionen Mal gekauft werden würden. Ich hatte gesagt, die Vorbereitung auf den Vortrag sei mir schwergefallen, weil ich dazu ein paarmal diese Zeitungen habe persönlich erwerben müssen, und es sei mir weniger peinlich, ein Kilo Kondome in der Apotheke zu kaufen als eine *Bildzeitung* am Kiosk. Das konnten sie nicht verstehen.

Heute kann ich es selbst kaum noch verstehen. Ich bin neulich ans Meer gefahren und hab mir mit nur minimalen Peinlichkeitsgefühlen die *Bildzeitung* vom 7. August geholt und eine *FAZ* vom 5. August. Ein intelligenter Kommentar im *FAZ*-Feuilleton über die Ostwest-Unterschiede des deutschen Fremdenhasses hat mich weit weniger getröstet als die *Bild*-

zeitung. Deren Kommentar allerdings, ist nicht so gelungen. Er weist auf zwei Dritteln seines kleinen Platzes darauf hin, daß viele Jahre lang »Polizei und Verfassungsschutz zu Schmuddelkindern der Nation« gemacht wurden, und zwar »häufig gerade von denen, die heute am lautesten nach dem starken Staat rufen.« Das ist bekannt, aber völlig richtig, auch ich gehöre zu »denen«. Doch mit seinem rechthaberischen Hieb auf alte ideologische Gegner nimmt der *Bild*-Mann seinem lobenswerten Aufruf, endlich vereint gegen rechte Gewalt vorzugehen, alle Einigkeit. Richtig lieb hingegen die Idee der Zeitung, auf jeder Seite ein Kästchen einzurücken, wo ein Ausländer unter kleinem Paßbild erklärt: »Ich lebe in Deutschland« – unter anderem ein ukrainischer Sportwissenschaftler, »promoviert«, der erfolgreich deutsche Schwergewichtsboxer trainiert und nicht so aussieht, als habe er unter Nachstellungen der Neonazis zu leiden. Auf der Titelseite immerhin wird vernünftigerweise eine in Stuttgart arbeitende Haarstylistin aus Uganda präsentiert: »Jeden Tag macht sie deutsche Frauen schöner«.

Man kann die Aktion »Ich lebe in Deutschland« natürlich besonders infam finden, weil ja nur die den Deutschen nützlichen Fremden vorgeführt werden. Andererseits ist die deutsche Volksmasse offenbar doch von einer solchen immensen Schwererziehbarkeit, daß es vielleicht ganz richtig ist, wie bei einem geistig Behinderten ganz geduldig ganz von vorne anzufangen: Hallo, deutsche *Bild*-Leser! Diese Frau ist braun. Sie tut Dir nichts. Sie nimmt Dir nichts weg. Du verstehen? Das ist gute Frau. Hat deutschen Freund. Lebt schon zwölf Jahre hier. Muß man nicht totmachen.

Soviel zur *Bildzeitung* als Erzieherin. Sie liebt ihre Deutschen und möchte sie zu besseren Menschen machen. Ich meine: Viel Glück, *Bild*! Früher habe ich dem Blatt Hetze vorgeworfen. Heute reagiere ich auf rechtsradikale Übergriffe hundertmal verhetzter als das verpönte Blatt. Beim Anblick von Glatzen möchte ich nicht etwa nach der einst geschmähten Schmuddelpolizei rufen, das ist mir nicht radikal genug. Ich rufe, wenn auch nur innerlich, nach Lynchjustiz. Nach Hinrichtungen von Gestalten, die derart ekelhaft sind, daß ich ihnen klammheimlich die Menschenrechte abspreche. Wer ehrlich ist, kann in diesen Figuren nichts Menschliches erkennen, und sie sind es wirklich nicht wert, daß man danach sucht. Es ist doch so. Wer solche Visagen hat und »Deutschland den Deutschen« brüllt und Türken als Dreck bezeichnet, der muß weg. Eigentlich logisch. Erstens sowieso, und nach dem, was in Deutschland los war, erst recht. Und wenn ich weiter ehrlich bin, sehne ich mich, auch wenn das nicht klug und demokratisch ist, nach dem massenhaften Tod aller Rechtsradikalen.

Wir Nachgeborenen sind mit diesen entsetzlichen Bildern und Filmen aufgewachsen, wie Nazis wehrlose Juden erschießen. Diese vielen toten Körper. Wir haben die Generation unserer Eltern dafür hassen gelernt. Es wäre eine schönere Jugend gewesen, wenn wir sie nicht so hätten hassen müssen. Ich habe die Generation gehaßt, weil mich diese Bilder traumatisiert haben. Ja, würde Sara sagen, einen Film über Nazigreuel angucken ist ein bißchen was anderes, als in einem KZ gewesen zu sein. Weiß schon. Trotzdem: Auch Dokumente traumatisieren. Wenn meine antifaschistischen Affekte aus gegebenem Glatzen-Anlaß auf Hochtouren laufen, habe ich das unvernünftige Bedürfnis, dieses Trauma mit traumatischen Gegenbildern auszulöschen – was natürlich wieder nicht sein darf, weiß schon. In diesen Augenblicken der Wut möchte ich am liebsten schaudernd Dokumente sehen, die zeigen, wie mit den Neonazis das angestellt wird, was sie anstellen und noch anstellen wollen. Bilder von scheußlichen Rechtsradikalen möchte ich sehen, wie sie zusammengetrieben werden, brüllend vor ganz persönlicher Wut diesmal und nicht aus Deutschlandwahn, wie sie ohnmächtig fuchteln, wie sie von Kämpfern, deren Identität meine Vorstellung ausspart, erschossen, erstochen, erschlagen werden wie Ungeheuer in einem Gruselfilm. Sieg. Genugtuung. Ruhe. Ein letztes Bild bitte noch: Die Leichen aller Rechtsradikalen der Welt, nicht nur die der Deutschen, möchte ich in einer großen Grube liegen sehen. So soll der Vorhang fallen über dem Happy-End. Aufatmen. Dies eine letzte Bild einer wahrhaft alttestamentarischen Strafe als ein Sühnezeichen anderer Art.

Früher, als ich noch zu eben jenen Verblendeten gehörte, für die Polizisten Schmuddelkinder waren, habe ich der *Bildzeitung* Doppelmoral vorgeworfen. Heute sage ich mir: Schäm Dich, Joseph! – Doppelmoral? Nicht nur ein überheblicher, auch ein unintelligenter und selbst doppelmoralischer Vorwurf. Es geht gar nicht ohne Doppelmoral. Die ganze Hochliteratur ist Doppelmoral. Iwan Gontcharows wunderbarer Roman »Oblomow« zum Beispiel: pure Doppelmoral! Der Autor weidet sich spürbar und genüßlich an der sympathischen Nichtstuerei seines Helden und behauptet nachher frech, er habe mit dieser Figur die Trägheit des russischen Menschen geißeln wollen. Oblomows nerviger Freund und Gegenspieler ist – natürlich – ein strebsamer Deutscher. Stolz heißt er auch noch. Tatmensch durch und durch. Einmal wird in einem Nebenzimmer deutsch geredet, und das klingt in den weichen russischen Ohren, »als würden Nüsse geknackt«.

Deutsche Schriftsteller haben zwar nicht die unwiderstehliche Prägnanz der *Bildzeitung*-Sprache, aber immerhin haben sie mit Deutschland und den Deutschen wenig am Hut, was zwar angenehm ist und versöhnlich stimmt – und ein Grund dafür sein dürfte, daß man sich im Ausland nicht sonderlich für ihre Werke interessiert. Im Ausland will man deutsche Themen. Wenn man sich schon die Mühe macht, das Buch eines deutschen Autors zu lesen, dann soll das wenigstens typisch deutsch sein. Nicht ganz unverständlich. Ein amerikanischer Roman soll ja auch irgendwie amerikanisches Flair haben. Mein erster Duckwitz-Roman »Im diplomatischen Dienst« wurde und wird in Deutschland fleißig gelesen und gelobt, weil er nicht so deutsch ist: nicht tiefsinnig, nicht humorlos, nicht nebelig-raunend und so weiter. Was war ich stolz! Und dann wurde er auch noch übersetzt. Ein edler amerikanischer Verlag, spezialisiert auf jüdische europäische Literatur, fand daran Gefallen, mochte den Witz und die Unverkrampftheit (eine angeblich undeutsche Eigenschaft, die Jahre später von dem Volkslieblingsbundespräsidenten Roman Herzog eingeklagt wurde). Welche Ehre. (Das mit dem amerikanischen Verlag, meine ich, nicht das mit dem Bundespräsidenten!) Und dann Gallimard in Frankreich. Topadresse. Was wünscht man sich mehr. Schon sah ich mich als literarischen Weltstar von einer amerikanischen Eliteuniversität zur anderen reisen und in überfüllten Aulen Handkes überholten 60er-Jahre-Auftritt in Princeton zu Makulatur machen. Dann die Verkaufszahlen in Frankreich, England und den USA: so grauenvoll gering, daß sie mir die Verleger nicht nannten. Bei Gallimard hieß es seufzend: Wir wollten zeigen, daß es auch eine andere Literatur in Deutschland gibt als eine verquaste – aber das wollen die französischen Leser leider nicht wissen.

Es wäre demnach ziemlich sinnlos, Bücher zu machen, die Klischees in Frage stellen. Da das Sinnlose seine Reize hat, spräche dieses Argument allerdings eher für ein So-sind-wir-nicht-Deutschlandbuch. Interessant ist am Rande dieses Zusammenhangs der Erfolg der Bücher von Bernhard Schlink im Ausland, vor allem in Amerika. Sie sind hier wie dort Bestseller, sie sind sauber und spannend erzählt und lassen sich verschlingen, was man von nicht vielen deutschsprachigen Büchern sagen kann. Wenn sie manchen deutschen Lesern und Kritikern etwas auf die Nerven gingen, dann, weil Themen und Milieu sehr deutsch sind. »Sehr deutsch!« kann natürlich kein Argument der Literaturkritik gegen ein Buch sein, wie umgekehrt der undeutsche Charakter kein bißchen den offiziellen Wert eines Buchs erhöht. Jenseits ihrer literarischen Qualität aber decken »Der Vorleser« und die »Liebesfluchten« mit ihrer schwelend-schuldhaften Thematik die Erwartungen ab, die man an die ernsthafte deutsche Literatur hat. Und wenn hier ein halbes Jahrhundert lang die geistreichsten Bücher erschienen – niemals, würde es in Deutschland und dem Rest der literarischen Welt heißen, werden die verbohrten Deutschen den wunderbar leichten Esprit der Franzosen erreichen. Und wenn es zehn Harald Schmidts gäbe, der doch eine echte Erneuerung des deutschen Humors verkörpert, sie alle würden steif und fest und ernst und deutsch behaupten, die Deutschen hätten null Humor – verglichen mit den um viele Klassen komischeren Engländern.

14. August 2000

Liebe Sara,

es sieht so aus, als hättest Du recht gehabt mit Deinen Bedenken, holde Prophetin, daß es Blödsinn ist, ein Buch über die netten Deutschen zu schreiben. Man macht sich lächerlich. Aus dem Buch wird nichts.

Die Schuld daran, daß ich mich in einem unklugen Augenblick darauf eingelassen habe, schiebe ich nach wie vor der chronischen deutschen Neigung zur Selbstbezichtigung zu. Wenn diese selbsternannten und selbstgefälligen Verwalter altbackener Nationalklischees in dieser gräßlichen Mischung aus verdrießlich und kokett die Schublade mit ihren Stereotypen öffnen, dann kann einem das gewaltig auf die Nerven gehen. Und das wäre es schon wert, daß man den Inhalt dieser Schublade mit all dem abgestempelten Unsinn einmal ausleert und verhöhnt, wobei es ganz egal ist, ob leutselige Regierungs- oder Oppositionspolitiker bei den extrem zu deutschen Themen neigenden Talkshows wie der meiner Feindin Sabine Christiansen ungestraft über die Unarten der Deutschen faseln dürfen oder ob ein altlinker Renommierautor von einem Aufenthalt in Amerika nach Deutschland zurückkehrt und nun im *Spiegel* seitenlang schreiben darf, wie mißlaunig und zugeknöpft er die Deutschen findet, weil eben das der Deutsche offenbar gerne liest.

Wenn es zum Beispiel um eine deutsche Nationalkatastrophe geht wie die nicht funktionierende Weltausstellung Expo 2000 und die Besucherschar so klein und das Defizit so groß sind, daß die Zahlen auch von professionellen Interpretationsbetrügern nicht mehr beschönigt werden können, sitzt eine Fernsehrunde beisammen und berät unter der Anleitung der hanseatischen Spießermutti in einem cremefarbenen Hosenanzug, einer Tracht, die dem deutschen Zuschauer offenbar Vertrauen einflößt. Sie hält den Kopf schief, wenn sie zuhört, um den Eindruck besonders aufmerksamer Konzentration zu erwecken. Bei Fragen beugt sie sich vor. Das soll heißen: Achtung, ich bin eine investigative Journalistin. Dabei läßt sie ihre Stimme so dunkel wie möglich werden. Das bedeutet: Ich meine es sehr ernst und mache mir Sorgen. Dieser durch und durch affirmativen Person und miserablen Darstellerin gesteht dann so ein aufgeräumtes CDU-Ohrfeigengesicht auf extremschwäbisch: »Ein Stück mehr Fröhlichkeit täte uns Deutschen schon gut, wir sind schon ein bißchen miesepetrig. Wir sind zwar zupackend, aber ein Stück mehr Optimismus und etwas weniger nörgelnd – das wäre besser. Und vielleicht ein Stück mehr Weltoffenheit.« Ich habe jetzt frei zitiert – aber ich glaube fehlerfrei. Solche Sätze merke ich mir von Berufs wegen. Genau die fallen mir als Schriftsteller nie ein, und man braucht sie immer wieder, wenn man Idioten etwas sagen lassen will. Auf die kühne Idee, dreimal, ohne Luft zu holen, »ein Stück weit« zu sagen, muß man erst mal kommen. Ich vergesse immer, wie der Typ mit diesem Froschmaul heißt. Als Knabe, der er irgendwie geblieben ist, war er mal Vorsitzender der Jungen Union und wurde in seinem Mansardenzimmer vor einem Poster seines damaligen Abgotts interviewt. Helmut Kohl. Lange her. Zur Belohnung wurde er später mal Verkehrsminister.

Dann kommt der amtierende Wirtschaftsminister zu Wort, der kein Froschmaul, aber komische Wulstlippen hat. Ich frage mich bei Politikern mit Wulstlippen immer, ob die eine Lippentransplantation haben machen lassen, um dem Image des »schmallippigen Intellektuellen« und dessen Unbeliebtheit bei der unintellektuellen Wählermasse zu entgehen. Nach reiflicher Überlegung öffnen sich die parteilosen Wulstlippen, und extrem sonorlässig kommt folgendes: »Ich habe manchmal den Eindruck, wir sind ein Volk, das vor sich hingrübelt, und wo wir hingrübeln, da wächst kein Gras mehr.« Für dieses Spontanbonmot gibt es Beifall des Publikums. Denn nichts hören die Deutschen lieber als die Bestätigung ihrer scheinbaren Schwächen.

Du hast mir vor ein paar Tagen zugemailt, liebe Sara, eben dieser Typ habe anläßlich eines Handelsabkommens mit China auf die Frage eines Journalisten, was sich eine rotgrüne Regierung dabei denke, wenn sie mit einem Brutalregime wie China Abkommen schließe, einen anderen Spruch hervorgebracht, nämlich: In diesem Wirtschaftsabkommen würden die Menschenrechte quasi mit nach China hineingeschmuggelt. Die Menschenrechte, so zitierst Du ihn, kämen quasi als blinder Passagier mit nach China. Du hast Dich darüber aufgeregt und mir den Spruch geschenkt, damit ich ihn für mein Deutschlandbuch verwende. Das sei typisch deutsch, sagtest Du. Danke, Sara, aber den Satz finde ich gar nicht so schlimm. Was hast Du gegen blinde Passagiere. Die mögen wir doch. Wenn man eine Errungenschaft nicht offen transportieren kann, dann versucht man sie zu schmuggeln, ist doch gut so. Die Vorstellung, eine verbotene Kostbarkeit mit Dir zusammen irgendwohin zu schmuggeln, macht mich ziemlich heiß: einen Koffer voller schwarzer Schlangenhäute. Das wäre nach meiner Interpretation nicht typisch deutsch, sondern eher undeutsch. Seit wann nimmt sich der offene, ehrliche, geradlinige, zu raffinierter französischer Antichambrier-Diplomatie doch bisher völlig unfähige deutsche Politiker vor, eine Ware zu schmuggeln?

Es gäbe tatsächlich genug Stoff, die Deutschen vor ihren eigenen Schuldbekenntnissen in Schutz zu nehmen – und also gibt es auch Grund für ein So-sind-wir-nicht-Buch. Die leichte Unlogik, daß man darin über das deutsche Nörgeln deutsch nörgelt, ließe sich vertreten, wenn man es nicht schwerfällig, sondern lässig und ironisch genug macht. Das traue ich mir zu. Die deutsche Selbstkritik bräuchte mehr Niveau, ein Stück weit mehr, und eben das hatte ich über den Umweg Selbstlob vor.

Vor vierzehn Tagen wäre es noch gegangen. Jetzt, in der zweiten Augustwoche 2000, geht es schon nicht mehr. Die Rechtsradikalen haben mir mein Buchprojekt kaputtgemacht. Eine Pointe. Wenn ich jetzt das Wort »Deutschland« in den Mund nehme, wird mir erst mal übel. Keine gute Voraussetzung für unbeschwerte Ironie. Bei der Vorstellung auch nur einer einzigen krähenden rechtsradikalen Glatze suchen mich sofort die übelsten Gewaltphantasien heim. Ich hab Dir von meinen Freunden Osman und Elizabeth in England erzählt. Elizabeth ist eine Volksgenossin von Dir, wenn ich mir diese neckische Bezeichnung leisten darf, ohne gleich wieder als antisemitisches Trampeltier dazustehen. Elizabeth ist die, die in meinem Roman von ihrem Mann als »assimiliert bis über beide Ohren« beschrieben wird, eine Wendung, an der Du irgend etwas auszusetzen hattest.

Jedenfalls habe ich in den letzten Tagen auch an Osman und Elizabeth geschrieben, ziemlich erregt von dem Terror der neuen Nazis, von dem ich hier in Italien nur Spuren mitkriege, was allerdings genügt, um mich vor Mordlust beben zu lassen. Osman und Elizabeth, die meine Briefe normalerweise erst nach Monaten flüchtig beantworten, mailten diesmal postwendend zurück und fragten, ob ich noch alle Tassen im Schrank hätte, ich solle sie bitte mit meinen rachsüchtigen Orgientheaterstücken in Ruhe lassen.

Genau dies aber wäre das einzige, was ich jetzt zu Papier bringen wollte: ein Stück oder ein Drehbuch, das den Sieg über die Neonazis beschreibt, meinetwegen den Endsieg, inklusive das detailliert gezeigte Verröcheln der Bösen. Ich nehme an, der deutsche Film und die deutsche Bühne sind sich zu fein für die Inszenierung einer solchen antidemokratischen Schlacht, die ich mir auch nur im Zustand des Affekts ausmalen mag. Obwohl ich mir ganz hinten im Kopf schon eine genial-gruselige Filmkomödie vorstellen kann, wo die Neonazis im Stil von Ernst Lubitschs »To be or not to be« mit überzeugender Wollust als Idioten dargestellt werden: ein blitzschnelles filmisches Meisterwerk, von einer solchen komödiantischen Kraft, ein deutscher Streifen, ja ein deutscher, der in drei Wochen endlich einmal nicht 30 000, sondern 30 Millionen Leute in die Kinos zieht und den Filmkitsch der Amis ins Nichts verweist und der die erschrockene Lähmung der Deutschen angesichts des braunen Überraschungsdurchfalls zu lösen hilft. Es müßte eine Wohltat sein, die Neonazis im Film als solche Witzfiguren darzustellen und dargestellt zu sehen, daß immer dann, wenn sie es wagen, in Wirklichkeit aufzutauchen, die braven Bürger an diesen Film denken müssen, sich nicht mehr verlegen abwenden, sondern sich krummlachen über das Aussehen und Herumblöken und das sonstige Gehabe dieser Gestalten. Unfähige Politiker bräuchten nicht mehr von den Bürgern »mehr Zivilcourage« zu fordern, halbherzig NPD- oder Demonstrationsverbot zu erwägen und mit verlegenem Gesicht an die heilige germanische Versammlungsfreiheit zu erinnern, die eigentlich nicht angetastet werden dürfe. Die Leute auf der Straße würden so lachen, daß den Aufmarschierern vor Schreck über das plötzliche Schwinden ihrer eben noch angsteinflößenden Wirkung die Baseballschläger aus den Händen fallen und ihnen lange Haare auf den Glatzen zu wachsen beginnen würden.

Solange die Deutschen zu einem solchen Film mit einer solchen Wirkung nicht in der Lage sind, kann man sie nicht loben. Ich habe das Gefühl, sie wollen nicht siegen. Das historische Sieg-Heil-Geschrei der Originalnazis sitzt den Normaldeutschen dermaßen in den ängstlichen Knochen, daß sie nicht mehr den Mumm und den Kampfgeist haben, das peinliche Möchtegernsiegesgeheul der neuen Nazinachahmer endgültig und mit Lust besiegen zu wollen. Jahrzehntelang war nach 1945 der brave deutsche Mann wacker bemüht, daß er kein bis zum Endsieg beziehungsweise Untergang durchhaltender deutscher Soldat mehr ist. So sind wir nicht mehr! wollte der deutsche Normalmann der Welt sagen. Wir sind friedlich. Bei dieser Bemühung haben die Schlappschwänze verlernt, sich zu wehren. So sind sie, die Deutschen: Sie klagen und leiden an sich selbst und winseln wie die Dackel, kauen auf den Klischees über sich herum – die Westdeutschen jedenfalls, von denen ich trotz abscheulich erschreckender Umfrageergebnisse mehr als 95 Prozent für antirechtsradikal halte. Ich wage diese optimistische Zahl trotz der Neonazi-Durchfall-Epidemie in diesem häßlichen 2000-Sommer. Die Ostärsche kann ich nicht beurteilen. Wie viele Eltern rechtsradikal randalierender Halbwüchsiger in östlichen Horrorkäffern ihren Ausgeburten angeblich insgeheim zustimmen, weiß ich nicht und will ich lieber nicht wissen.

Mit Statistik lassen sich bekanntlich allerlei Behauptungen aufstellen. Es ist anzunehmen, daß das Ausmaß der Ausländerfeindlichkeit statistisch eher hoch- als heruntergespielt wird. Das ist gut so, weil nur der Schrecken über die hohen Zahlen den Politikern Feuer unter ihren faulen Politarsch macht. Das von mir dauernd lächerlich gemachte Herumjammern der Deutschen über ihre deutschen Unarten ist zwar eine blöde Verrenkung, aber natürlich ist auch das besser, als wenn sich die Volksgenossen stolz auf die deutsche Brust klopften und ihren Fleiß und ihre Gründlichkeit priesen. Dann gäbe es zu einem So-sind-wir-nicht-Buch überhaupt keinen Anlaß, ein Buch, das überhaupt nur wegen der verdrucksten Kleinkariertheit der Deutschen als eine Art Stilkritik möglich ist, quasi als Aufmunterungstext für arme Deutsche mit einem nationalen Minderwertigkeitskomplex – aber eben nur, solange es keine ernsthaften Katastrophen gibt wie jetzt das Heraustreten des Neonazi-Durchfalls aus der deutschen Versitzgrube. In einer solche Zeit muß Deutschland geduckt werden, da soll sich das Volk der Penner und Flenner nicht mit Lobesworten trösten dürfen.

Als nachweisbares Zeichen einer ausdrücklichen Fremdenfreundlichkeit hatte ich eine Auswertung von deutschen Versandhauskatalogen vorgesehen. Von Jahr zu Jahr, ist mir bei meinem Studium dieser umfangreichen Bücher aufgefallen, werden die Frauen dunkler und fremdländischer, die für *Otto* und *Quelle* und andere deutsche Häuser posieren. Und zwar wird hier nicht dem geilen Auge des Sextouristen der anpassungsbereite Typ Exotin präsentiert, hier wird der biederen deutschen Versandhauskundschaft jenseits allen Integrationsgefasels gezeigt, daß Ausländer einfach dazugehören. Ganz unaufdringlich wird zwischen lieblichen Baumwoll-T-Shirts und scharfen Lederhosen »in trendstarker Reptilprägung« ein deutliches Zeichen gegen den Fremdenhaß gesetzt. Diese Kataloge haben eine weit größere Verbreitung und Auflage als alle neonazistischen Schriften zusammen. Aber eben diese hoffnungsvolle Tatsache in einer Zeit hervorzuheben, wo die neonazistischen Zuckungen epidemisch grassieren, wirkt unangebracht verharmlosend wie ein Innenminister, der zwar die fremdenfeindlichen Terroranschläge »alarmierend und beschämend« findet, aber sein Interview im *Spiegel* vom 7. August mit den Worten beendet: »Wir sollten das Bild nicht zu düster zeichnen. Deutschland ist heute in hohem Maße ein weltoffenes und ausländerfreundliches Land geworden.« Natürlich muß er das sagen, und natürlich hat er recht, und natürlich klingen diese Worte wie Hohn – und ich klänge wie ein von der Regierung eingekaufter Beschwichtigungsliterat mit meiner Quellekatalogauswertung.

Die letzte ernstzunehmende Katastrophe war das Mitmachen deutscher Streitkräfte beim Kosovokrieg 1999 gewesen, das politisch vielleicht sein mußte, aber meinem So-sind-wir-nicht-Buch, das ich schon damals wieder einmal gerade zu schreiben beginnen wollte, entschieden in die Quere kam. Sofort brach ich damals alle Beziehungen zu diesem Projekt ab und fror sie ein. Man kann kein Volk loben, das in den Krieg zieht, kommt überhaupt nicht in Frage. Vor allem hatte ich die sympathische Unfähigkeit des deutschen Militärs loben wollen, auch nur einen einzigen scharfen Schuß abzugeben, und diese mir für mein Buch damals wichtig erscheinende Auszeichnung konnte ich nun nicht mehr vergeben. Wie war es doch vordem so schön, als deutsche Verteidigungsminister beinahe zurücktreten mußten, wenn ein Soldat bei einem Manöverunfall zu Schaden kam oder ein Militärflugzeug vom Himmel fiel. Wieviel menschlicher war das deutsche Militär als das grobe amerikanische, wo zu Tode kommende Soldaten als bedauerliche Normalität angesehen werden und sich Rekruten nicht gleich beschweren oder das Lazarett aufsuchen können, wenn sie von durchgeknallten Vorgesetzten zu laut angebrüllt werden. Das lobe ich mir, so stelle ich mir eine zivile Gesellschaft vor: das Militär als ein von den meisten Bürgern als überflüssig belächelter Verein, der ohne Sinn und Ziel vor sich hingammelt und als positive Nebenerscheinung Zivildienstleistende erzeugt. So war das bis vor kurzem. Gut war das, Deutschland, weiter so. Aber es ging eben leider nicht weiter so. Die Offiziere waren damals derart hysterisch vor Ziellosigkeit, daß sie jaulten, wenn man sie potentielle Mörder nannte. Wunderbar. Gutes, altes Deutschland damals.

Habe ich Dir eigentlich jemals von meinem kleinen luftigen Krieg erzählt, den ich 1987/88 als Zivilist mit einem Geschwader wütender Bundeswehroffiziere auszufechten hatte? Kein Witz. Ein Witz war es schon, aber ein wirklicher: Damals führte ich im *Zeitmagazin* einen sogenannten »deutsch-deutschen« Briefwechsel mit einer DDR-Autorin. Du siehst, Sara, ich bin prädestiniert für deutsche Briefe. (Kennst Du Richard Chaim Schneider? Der sagte mir damals, ich solle doch lieber einen Briefwechsel mit ihm, einem deutschen Juden führen, das sei interessanter. Vermutlich hatte er recht. Wäre besser gewesen. Aber die Redaktion des *Zeitmagazins* fand diese Ost-West-Konstellation spannender.) Irgendwann tauschten die DDR-Poetin und ich Ansichten über unsere jeweiligen Streitkräfte aus, von denen wir wenig hielten. Ich habe mich vom Anblick von Soldaten schon immer belästigt gefühlt und schrieb neben etlichen antimilitaristischen Schmähungen den Satz: »Eine Plastiktüte mit Abfällen am Waldrand ist mir lieber als ein Soldat.« Diese friedfertigen Worte aus der Warte eines freundlichen Spaziergängers, die nebenbei als Spitze gegen die Jute- oder Umweltpapier-Abfalltüten fordernden Ökos gedacht waren, ließen Hunderte von beförderungsgeilen Offizieren zur Leserbrieffeder greifen und brachten die ansonsten militärfreundliche *Zeit* so in Bedrängnis, daß sie sich für ihren Autor bei der Bundeswehr entschuldigte und mich als Schreiber so bald wie möglich abschüttelte, nachdem mir Chefredaktion und Herausgeber die höchste oder tiefste Verachtung für meine menschenverachtende Bemerkung ausgedrückt hatten, die sie – natürlich – an die Sprache der Nazis erinnerte. Selbst der Ex-Bundeskanzler und Ex-Verteidigungsminister befaßte sich schnaubend mit dem Fall. Mehr kuriose Wirkung hat ein Satz von mir meines Wissens nie erzeugt. Damals wurde mir klar, daß westdeutsche Soldaten nicht hart und gefährlich sind, sondern Mimosen, die sofort zetern und jaulen müssen, wenn man ihre Existenzberechtigung anzweifelt.

Wenn ich heute das So-sind-wir-nicht-Buch doch noch zu schreiben hätte, würde ich das deutsche Militär lieber auslassen, weil ich nicht weiß, wie es sich entwickeln wird. Auch sind mir Uniformen tatsächlich nicht mehr so verhaßt. Das Verweigern des Militärdienstes ist eine simple Formalität geworden, und wer unbedingt in eine Uniform gesteckt werden will, weil er eine arme Sau ohne sonstige Berufsaussichten ist, tut mir leid. Wer eine rechtsradikale Sau ist und bei der Bundeswehr unangenehm auffällt, der ist für mein ausgeklügeltes Punktwertesystem wieder ein Plus, denn er sorgt dafür, daß einem das Militär ungeheuerlich bleibt, was es weiß der Himmel auch immer ist, immer war und immer sein wird. Amen.

Nach meinem Scharmützel hatte die *Zeit* damals eine Weile

genug von mir als Autor. Meine Fans nickten konspirativ und flüsterten »Schreibverbot« und »Zensur«. Eine übertriebene Deutung. Vermutlich sogar eine deutsche Deutung. Der seit Kant chronisch kritische Deutsche wittert sofort und überall Obrigkeitsmaßnahmen und Unterjochung. Ich fand meinen Rausschmiß grotesk, aber nicht störend. Wenn ich eine Zeitung hätte, sollten da nicht Worte gedruckt werden, die ich nicht mag. Das akzeptiere ich. Im Lauf der Jahre ist Gras über die Sache gewachsen, und wenn ich heute einmal etwas für die *Zeit* schreibe, gibt es eher Beifall. Allerdings auch von seltsamer Seite. Vor ein paar Wochen habe ich einige Nummern lang ein »Medientagebuch« für die Medienseiten der *Zeit* geführt. Ich konnte über meine Fernsehstreifzüge schreiben, was ich wollte. An irgendeinem Feiertag im Mai wurde in Hannover die Expo 2000 eröffnet, und ich wollte dieses höchst verdächtige Ereignis ein wenig am Bildschirm überwachen. Die Art, wie die Medien sich allesamt in vorauseilender Verteidigung dieser sterbenslangweiligen, pseudoneumodischen Ausstellung annahmen, verhieß nichts Gutes, beziehungsweise einen spannenden Komplott, und ich schrieb in meinem Medientagebuch folgendes, das ich Dir hier einfüge, weil es der Computer so leicht macht:

Zur Feier der Eröffnung der Expo 2000 heißt es laut und riesengroß: »Rau ruft zu Weltoffenheit und Toleranz auf«. Ich frage mich, wer hier behämmerter ist: der Bundespräsident oder die *Süddeutsche Zeitung,* die die Null-Aussage zur Schlagzeile macht, als sei es eine Top-Neuigkeit. Als sei bis eben Intoleranz gepredigt worden. Als habe sich das nun dank der Expo verändert. Die *taz* titelt tags zuvor: »Bischof Dyba verteufelt den Katholikentag«. Herzerfrischend, wie der Sturkopf aus Fulda in einem langen Interview theologische Modernismen als »schwachsinnig« bezeichnet. Reaktionäre Typen sind einfach witziger als fortschrittliche Betbrüder. Als Heide faßt man sich allerdings an den Kopf, daß diese bemüht unbigotten Aufläufe der Christen überhaupt Medienbeachtung erfahren. – Ein gefundenes Fressen für meinen TV-Horrorbedarf: der ökumenische Eröffnungsgottesdienst der Expo in einem Schuppen namens »Christuspavillon«. Ich war einmal während des Ramadan in einem islamischen Land und habe mich über die vom Fernsehen ausgestrahlten vorsintflutlichen Betorgien der Muselmanen amüsiert. Was aber moderne Christen hier und heute ablassen, ist auch nicht ohne. So stelle ich mir die Hölle vor: Man sitzt mit anderen Geladenen in einem lichten, kreuzbraven Raum und wird dabei gefilmt, wie man nicht weiß, wo man vor lauter Verzweiflung hinsehen soll. Man hat ein Wechselbad von triefenden Weltoffenheits- und Toleranzbekundungen zu ertragen. Mal salbadert eine flotte Bischöfin, mal fleht ein zerknautschter Katholenpope mit Märtyrerstimme, das Glaubensbekenntnis mitzubeten. Keiner will. Peinlich. Grummelgrummel. Endlich findet die Kamera einen weltoffenen jungen Vater mit Kindlein auf dem Arm, der die Lippen bewegt, und saugt sich an dem Bild fest. Später liest Wolfgang Thierse drei stramme Sätze aus dem Evangelium. Damit das Ganze aber auch expomäßig weltoffen, zukunftsvoll und multimenschlich wird, kommt nach maximal zwei Minuten Frommsein immer eine künstlerische Darbietung, die noch viel schlimmer ist als das ökumenische Blabla: Ein Krakentanz zweier Exoten soll wohl Versöhnung symbolisieren. Aus zentralasiatischen Langflöten strömt gräßlich buddhistisches Meditationsgetröte. Eine weiße Gospelsängerin mit schwarzen Begleitgirls versucht schmissige Spirituals. Kinderchen überreichen den Kirchenleuten einen aufgeblasenen Globus. Und immer schwenkt die Kamera über die betretenen Besucher, die das geschmacklose Spektakel nicht einordnen können. Diese Übertragung am Himmelfahrtstagmorgen hätte ich gern mit Dyba zusammen angesehen und seine Kommentare gehört. Wer sich diese Fernseh-Feierstunde antat, wird nie in Versuchung kommen, jemals eine Weltausstellung, eine Kirche oder die Stadt Hannover zu besuchen. Danke, Rau, danke, Schröder, danke, ihr Christen all, danke, ZDF, daß ihr mir gezeigt habt, wie sich Deutschland der Welt zeigen will, daß ihr mich an die Vorzüge der Weltverschlossenheit und Intoleranz erinnert habt.

Soweit mein Medientagebuch in der *Zeit*. Wenn man so will, ist auch das ein Vorzug Deutschlands, daß das deutsche Fernsehen für Menschen, die gegen den Strich gucken, die delikatesten Erkenntnisse bereithält. Vor zwölf Jahren lebten noch ein paar Reaktionäre, die sich über mich beschwert hätten. Jetzt aber kam nur Zustimmung. Ein Pastor gratulierte mir und verriet, was ich als Heide nicht wußte, daß nämlich Thierses Zitat zu allem Überfluß auch noch gekürzt war, natürlich um eine dieser typisch biblischen, finsteren Verwünschungen, die man den Expo-Gästen im lichten Christuspavillon offenbar nicht zumuten wollte. Deutsche Vorsicht? Deutsche Ängstlichkeit? Ein anderer Brief erreichte mich, nachdem kurze Zeit später der von mir doch nur aus purer Ironie gelobte Bischof Dyba unerwartet vom Sensenmann (oder von einer schwangerenunberatenen Sensenfrau?) kassiert worden war. Ein Herr aus Berlin beglückwünschte mich solidarisch zu meiner Ansicht über ökumenische Weicheier-Gottesdienste, lobte Dyba als Fels im klerikalen Modemeer und teilte mir mit, wie eindrucksvoll eine Meßfeier mit dem verstorbenen Dyba als Militärbischof gewesen sei, »dem dabei Meßdiener in Bundeswehruniform zur Seite standen«.

Von fast allen deutschen Katastrophen des Jahres 2000 verspricht die Expo eine der ergötzlichsten zu werden. Die Fehlkalkulation der Profis und Experten ist eine reine Wonne, der zur Krönung nur die Festnahme von Birgit Breuel wegen betrügerischen Konkurses fehlt. Bundespräsident Rau hatte recht, als er die zukunftsweisende Transparenz der Ausstellung rühmte. Denn klarer wurde selten, daß selbst die Deutschen sich nicht allen Schnickschnack bieten lassen. Deshalb: drei Pluspunkte für das deutsche Volk, das doch schon auf so vieles hereingefallen ist und bei dem Wort »Schnäppchen« sonst große Ohren kriegt, nun aber selbst die schmierigen Sonderangebote der Bundesbahn ausschlägt und nicht verbilligt in das verödete Hannover fahren will. Die Deutschen überhören sogar die Werbungslockrufe ihres geliebten Volks-Dummchens Verona Feldbusch, mit der ich als einziger Mann nicht ins Bett gehen will, obwohl ihr nur noch ein Dichtergatte fehlt, um zur deutschen Marilyn Monroe zu werden. Bravo, deutsches Volk! Zur Abwechslung mal unverführbar! Ich nenne die deutschen Leutchen heute saftig »deutsches Volk«, weil ich die Idee eines Künstlers so gräßlich vertrocknet finde, der im Innern des Reichstags einen Trog mit der Heimaterde aller Bundestagsabgeordneten aufstellen will oder wird. Du weißt schon. Dazu dann die Inschrift »Der deutschen Bevölkerung« – um der alten grimmig-historischen Losung unter dem Reichstagsgiebel »Dem deutschen Volke« ein aufgeklärtes Korrektiv entgegenzusetzen.

Nachdem diese kitschig-korrekte Kunstwichseridee, dieses liebedienerisch-berechnende Schickimicki-Geschleim, dieses säkular-ökumenische Demokratiegetue, dieses ästhetische Verbrechen an der wirklichen Kunst nun scheinbar durchgeführt werden soll, werde ich fortan das mir bis soeben verhaßte Wortpaar »deutsches Volk« hemmungslos benutzen.

Die deutschen Medien allerdings bekommen in Sachen Expo Minuspunkte von mir. Sonst doch immer zur schönsten nationalen Schadenfreude bereit, spielen sie von Anfang an das Desaster geschlossen herunter, finden an der albernen Schau irgendwelche guten Haare, versuchen durch halbherzig-positive Berichterstattung noch etwas zu retten und denken nicht daran, Schwankende vor einem sinnlosen Besuch in Hannover zu warnen. Zeitungs- und Fernsehberichte zeigen Mitleid und sind bemüht, den Schaden nicht aufzubauschen, ganz so, als müßten sie all die sinnlos verpufften Steuermilliarden höchstpersönlich bezahlen. Es kommt mir vor, als machten die Medien einen auf Schadensbegrenzung und wollten verhindern, daß sich Deutschland vor aller Welt noch mehr blamiert, während die Veranstalter wie die Kindsköpfe zum besten geben, es hätten ein paar hundert Millionen für die Werbung gefehlt, dann wäre die Sache ein Erfolg geworden. Kaum einer zweifelt an der Ausstellung und erwägt, ob die nicht einfach überflüssig sein könnte. Nein, die Besucher sind schuld, wenn sie das zukunftsweisende Spektakel nicht sehen wollen.

Ein Flop ist eine Sache, über die man lacht, wenn man souverän ist. Von dieser Souveränität ist mein Mandant weit entfernt. Und ich bin ein so guter Anwalt, daß ich ihm das zugute zu halten bitte, Hohes Gericht. Denn ist es nicht so, daß dem Rest der Welt ein peinlich berührtes, verlegenes Deutschland lieber ist als eines, das eine Niederlage gentlemanlike wegsteckt?

Ein anderer nationaler Notstand herrschte nach der frühen Niederlage der Fußball-Nationalelf bei den Europameisterschaften. Deutschland war vor Entsetzen wie gelähmt. Das offenbar völlige Versagen der geliebten Fußball-Nationalelf hat eine Art nationale Identitätskrise ausgelöst. Da ich noch nie in meinem Leben ein Fußballspiel gesehen und für keinerlei Sport Verständnis habe, fehlte mir für diese erneute deutsche Schande das Sensorium. Ich kann mit Fußballern, gleich welcher Nationalität, eigentlich nur dann etwas anfangen, wenn sie im Fernsehen gezeigt werden, wie sie beim Abspielen der Nationalhymne nicht mitsingen. In dem Augenblick mag ich sie. Die einzigen Sportarten, zu denen ich ein Verhältnis habe, sind das Rennrodeln und das Biathlon. Keine Nachrichtensendung in den Wintermonaten vergeht, ohne daß man nicht sehen muß, wie irgendein rotnasiges Mädchen sich häßlich schnaufend in den Schnee wirft, mit einem häßlichen Gewehr Schüsse auf eine Zielscheibe abgibt, sich dann aufrappelt und mit ihrem lächerlich bunten Overall auf dünnen Skiern weiterhastet. Rennrodler hingegen erinnern an flinke, glänzende, sich selbst zitternd begattende Käfer, die man gerne los wäre, aber nicht erschlagen möchte, weil man das Geräusch und den Flecken auf der weißen Wand scheut.

Daß die Deutschen in diesen beiden extrem peinlichen Disziplinen so erfolgreich sind und ständig Medaillen einstreichen, finde ich beschämender als all ihre Fußballniederlagen zusammen. Lobenswert an der Reaktion auf die jüngste Niederlage war, daß es nicht zu Ausschreitungen verzweifelter Fans kam und daß keinem anderen die Schuld für das Versagen der deutschen Elf zugeschrieben wurde. Es herrschte in allen Zeitungen die stille deutsche Einsicht: Wir sind nicht gut genug für diese Welt. Bravo, Deutschland, gute Trauerarbeit! hätte ich als *Bildzeitung*-Redakteur geschrieben.

Weniger bravourös allerdings das deutsche Benehmen kurze Zeit später, als Deutschland zum Austragungsort einer Fußballweltmeisterschaft in ferner Zukunft erkoren wurde. Zehn Minuspunkte, Hohes Gericht. So ist mein Mandant wirklich, von dem ich ständig behaupte, er sei nicht so: ein eingebildetes, verwöhntes Balg, das nichts zu bieten hat und dessen erbärmliches Selbstwertgefühl durch die lächerliche Tatsache zum peinlichen Blühen gebracht wird, daß das übernächste Mensch-ärgere-dich-nicht-Turnier in seinem Reicheleutekinderzimmer stattfinden soll und nicht bei diesem lausigen Knaben aus der dunklen Gosse, dem man deswegen herzlich tröstend auf die Schultern klopft und alles Gute wünscht.

Auch das sind Momente, wo ich gern staatenlos wäre, liebe Sara – obwohl Dir das ein zu romantischer Wunsch sein dürfte. Da wird dieser mit einem dünnen Lächeln herumstehende Mensch, den sie fast ohne Ironie den »Kaiser Franz« nennen, als Nationalheld gefeiert, weil es ihm gelungen ist, die Weltmeisterschaften auf deutschen Boden zu zerren, was für das angeschlagene deutsche Prestigedenken offenbar von einiger Bedeutung ist. Unisono wird nun das Geschick dieser schnekkelhaarigen Gestalt gerühmt, seine Fairneß, ja, seine Weltoffenheit. Dieser durch und durch hölzerne, etwas ältlich gewordene Provinzbengel mit seiner Beamtenbrille, der sich so gut zwischen Horrorfiguren wie Helmut Kohl und Leo Kirch ausnimmt, wird von gerührten Kommentatoren stolz und fast tränennah als elegante Erscheinung gepriesen, als Aushängeschild – man höre – für deutschen Charme. Dieser Zombie läßt sich nun vollkompatibel auch neben die feixende Führungsriege der neuen Regierung stellen. Das zeigt, daß Wahlvolk und Fußballplebs eine selige Einheit bilden. Das gibt einen Pluspunkt, Deutschland! Wenn dieser schlichte Campingplatzmustermensch namens Franz parteiübergreifend als Aushängeschild empfunden wird, dann ist Deutschland wahrhaft bescheiden.

Bei dieser Vorstellung zuckt es in mir. Die letzten Lebenszeichen des abgewürgten Deutschlandbuchs machen sich bemerkbar. Keine deutschen Phantomschmerzen, aber phantomhafte Angriffslust. Habe ich mir die ultimative Verhöhnung entgehen lassen? Noch nagen die Reste des Ehrgeizes und des Ärgers, daß ich es nicht geschafft habe, Deutschland im Lob aufzulösen.

Vielleicht war die Beschränkung auf das blöde Deutschland der Fehler. Ich hätte all die idiotischen Zuschreibungen von Identitätsmerkmalen auch anderer Nationen verwirren und ad absurdum führen sollen. Das Verbreiten von Klischees über sich selbst ist ein Volkssport, der schließlich auch anderswo beliebt ist. Viele schöne Hervorbringungen gibt es. Keiner kann so inbrünstig seine depressive Versoffenheit und sein Nichtstun bejammern wie die Russen. Die Italiener bezichtigen sich kopfschüttelnd der Korruption und behaupten, sie hätten nichts als Spaghetti im Kopf. Alles falsch. Umgekehrt ist es ebenso richtig: Die Russen sind korrupt und verfressen, die Italiener versoffen und faul, die Österreicher die fiesesten Nazis und die Schweizer die hinterfotzigsten Antisemiten. Und in Becketts irisch-britisch-französischem Godot-Stück wird unsinniger, mystischer und irrationaler gewartet als an jeder deutschen Straßenkreuzung.

Nur sehr schlichte Gemüter pflegen nicht einen gesunden Abscheu gegen Erscheinungsformen der eigenen Nation. Anfangs dachte ich, die Deutschen seien in Sachen Selbsthaß

Spitzenklasse. Das wäre ein Grund gewesen, sie zu loben. Denn der *Bildzeitung*-Deutsche findet nationalen Selbsthaß eher blöd. Der intellektuelle Deutsche aber, inklusive ich selbst, findet Selbsthaß klasse, also muß man die Schraube weiterdrehen und nationalen Selbsthaß wieder geißeln. Natürlich nicht mit den Argumenten der *Bildzeitung.* Man erklärt einfach den Selbsthaß zu einer deutschen Spitzenleistung, lobt die Deutschen dafür und beschimpft sie anschließend, weil alles Deutsch-Spitzenmäßige wieder eine peinliche Unart ist.

Einen kleinen sympathischen Rekord kann man den Deutschen vielleicht doch gönnen. An sich selbst herumzunörgeln ist weltweit verbreitet, aber nur in Deutschland ist das Wort »deutsch« ein astreines Schimpfwort geworden. Menschen, Bücher, Bratendüfte, Blumensträuße, Tischreden, Gesänge, ja harmlose Baumgruppen auf hübschen Wiesen können in gewisser Weise »deutsch« sein – und sind damit disqualifiziert. Der deutsche Wald – ein Hort des dunkelsten Irrationalismus. Ein stiller, unauffälliger Rekord. So weit hat es keine Nation gebracht. Auch genügend Schweizern dreht, so hört man, die Sauberkeit ihres Alpenlandes den Magen um, aber noch ist es nicht so weit, daß sie ein geputztes Spießerauto angeekelt als »schweizerisch« bezeichnen. In Deutschland, das ist eine Dunkelziffer, verlassen jährlich Hunderttausende Frauen ihre Männer mit dem vernichtenden Zuruf: »Du bist mir zu deutsch!«

»Zu deutsch« ist die Abkürzung für eine Mischung aus sentimental-dröge-verlogen-aufrecht-kitschig-pflichtbesessen-maulfaul-diszipliniert-langweilig-uncharmant-gefühllos-steif-dickfellig-strebsam-rührselig-feige-angepaßt und so weiter. Genau diese Identitätsstörung macht das Leben in Deutschland erträglich bis angenehm. Das höchste Kompliment, das einem Deutschen erteilt werden kann, ist demnach: »Du bist so schön undeutsch!«

Neben dieser zwar albernen, aber doch erfreulichen Haltung der Nationalverweigerung gibt es in Deutschland eine Menge Sachen, die besser sind als ihr Ruf. Die deutsche Vergangenheitsbewältigung etwa, von den Mahnern als mangelhaft gerügt, ist ungefähr hundertmal gründlicher als die japanische. Echte Wertarbeit. Robust wie ein Mercedes. Das geschmähteste deutsche Kantinenessen ist zwei Dutzend Male besser als das amerikanische Restaurantessen. Den deutschen Schweinebraten habe ich schon neulich in einem Brief an Dich hervorgehoben. »Friß nicht so deutsch!« muß sich heute in einer fortschrittlichen deutschen Familie ein schweinebratenverzehrender Vater von seinen Kindern anhören.

An Weihnachten 1999 fegte ein Orkan durch Frankreich und Südwestdeutschland und hinterließ wüste Schneisen. Er beschädigte gleichzeitig zwei deutsche nationale Symbole: den romantischen deutschen Schwarzwald und die stille deutsche Weihnacht, diesen letzten Termin, an dem das Innige, Holde und Traute in der deutschen Seele besinnliche Einkehr hielt. Schluß mit Stille-Nacht-Heilige-Nacht. Der neue Deutsche ist weder hold noch Unhold, weder Kraut noch traut. Lastminute reist er an Weihnachten nach Madagaskar, und die Christbaumverkäufer bleiben auf ihren Nordlandtannen sitzen. Kommt davon, wenn man sich über alte Bräuche die Nase rümpft.

Die öffentlichen Toiletten in Deutschland sind sauber, sauberer als in Frankreich, aber nicht so zwanghaft geputzt wie in Schweden und der Schweiz. In Deutschland kann man in feinsten Kreisen ungeniert fragen: »Wo kann ich pissen?« Solche Deutlichkeit hätte nicht nur in den verklemmten USA, sondern auch in den arabischen Ländern, selbst beim Zigeunervolk, gesellschaftliche Ächtung zur Folge.

Das deutsche Wetter ist nicht so übel wie in Österreich, wo der Regen depressiv macht, wie man an Autoren wie Thomas Bernhard sieht. Was die Literatur betrifft, ist Deutschland eine Art Paradies für Exoten. In keinem Land der Erde werden so viele Bücher aus anderen Sprachen übersetzt. Die Ausländerfreundlichkeit der deutschen Intellektuellen grenzt an Xenofetischismus. Ein heimischer Autor hat kaum Chancen gegen einen kirgisischen, lettischen oder patagonischen. Obwohl sich im Ausland kein Mensch für deutsche Gegenwartsliteratur interessiert, saugt der deutsche Leser fiktiongewordene Schicksale aus allen Ecken der Welt gierig auf. Selbsthaß macht selbstlos.

Das klassische deutsche Schild »Betreten des Rasens verboten« findet man nur noch auf Flohmärkten. Der deutsche Gehorsam ist längst ein nostalgischer Witz. Deutsche Großstädter radeln lässig wie die Niederländer die Einbahnstraßen verkehrt herum, und reaktionäre Taxifahrer haben es aufgegeben, die Gesetzlosen fuchtelnd zu verfluchen.

Und was die berühmte rote Ampel an deutschen Kreuzungen betrifft, so warten Erwachsene stöhnend nur dann, wenn Kinder dabeistehen. Die Kleinen sollen nicht hinterherlaufen und unter die Räder kommen. Die Deutschen sind kinderlieb. Ausländer übrigens warten fast immer hei Rot. Ist Dir das schon aufgefallen. Haben sie Gründe für ihre Vorsicht, oder sitzen sie auch schon wieder ihren eigenen Vorstellungen auf?

Gestern kam Helene, die mich hier 14 Tage lang ungestört mein Buch schreiben lassen wollte. Ich habe ihr noch nicht verraten, daß es mit dem Buch nichts wird. Sie fand die Idee immer idiotisch und vergeudete Mühe – und wenn ich jetzt etwas nicht ertragen könnte, dann den Triumph einer Ehefrau. Sie hat ein großes Deutsch-Italienisch-Lexikon, das hier im Haus mit einem penetranten schwarzrotgelben Umschlag auffällig herumlag, in edles marokkanisches Papier gepackt. Damit wir uns nicht ärgern müssen, wenn wir die Farben der deutschen Fahne sehen. Jetzt sieht das Lexikon aus wie ein dezentes arabisches Geheimbrevier für Schlangenbeschwörer – aber man findet es nicht mehr.

Die Leute, denen das Haus gehört, sind nette deutsche Ökos aus Berlin, die auch gestern vorbeikamen und zum

Glück nach einem dreistündigen Lehrvortrag wieder verschwunden sind. Sie erklärten uns, daß man beim, beziehungsweise nach dem Scheißen wegen irgendeines Bio-Entsorgungssystems nicht mehr als drei Blatt Klopapier verwenden darf. Was, wenn Frauen ihre Tage haben? dachte ich frauenfreundlich. Sie litten sehr, als sie eine *Bildzeitung* bei mir entdeckten. An solche Gäste hatten sie nicht gedacht. Natürlich eitel Freude, als sie erfuhren, daß ich Schriftsteller sei und diese Zeitung bräuchte, um Deutschland in die Pfanne zu hauen. Ich glaube, am liebsten hätten sie mir daraufhin mäzenatisch die Miete erlassen. Sie wurden dann frostig, als ich ihnen apropos ihrer strengen Klovorschriften einen Witz aus eben jener *Bildzeitung* nacherzählte: Zwei Frauen auf der Frauenrechte-Demo. Eine brüllt ständig: Menstruation! Menstruation! Darauf die Freundin: Mensch, das heißt doch »Revolution«! Antwort: Scheißegal, Hauptsache, es fließt Blut.

Dann berichteten sie Sachen, die für mein Deutschlandbuch ganz interessant hätten sein können, wenn ich es denn geschrieben hätte: Von italienischen Bauverordnungen, die hundertmal bürokratischer gehandhabt würden als die der angeblich so pingeligen deutschen Ordnungsfanaten. Von dem reizenden italienischen Bauunternehmer, der ihnen den Viehstall zu einem noblen Wohnraum ausgebaut hat: pünktlicher, billiger, schneller, zuverlässiger als alle deutschen Handwerker zusammen, deren Arbeit doch immer im Ruf steht, die perfekteste von allen zu sein. Nach Abschluß der Bauarbeiten wollte der gute Mann seinen Auftraggebern eine freudige Überraschung machen. Als sie das fertig renovierte Haus aufsuchten, wehten ihnen vier große Fahnen entgegen, als wäre das Haus ein Botschaftsgebäude. Deutschland, Italien, Berlin und Europa. Hohe, einbetonierte Masten. Der Bauunternehmer was not amused, als die doofen Deutschen sich zu seiner kostspieligen völkerverbindenden Gratisgabe eher verhalten äußerten. Kaum war er weg, wurden die Fahnen eingezogen. Brauchte man ihn wieder für eine Arbeit, hißte man die Fahnen, um ihn nicht zu verstimmen. Als er das Spiel durchschaute, montierte er in ihrer Abwesenheit die Masten der undankbaren Deutschen einfach wieder ab und behauptete auf ihre Nachfrage spitz, sie seien wohl gestohlen worden, in Italien seien Fahnen beliebt. Jetzt waren die Berliner unglücklich. Die Fahnenmasten waren so praktisch zum Befestigen der Hängematten gewesen.

Es steht mir nun bevor, dem Verlag, den ich fast vier Jahre mit diesem So-sind-wir-nicht-Buch hingehalten habe, zu beichten, daß mit dem Manuskript zu der vergnüglichen Juxbroschüre, das ich ihnen am 15. August zuzumailen versprach, nun doch nichts geworden ist. Du, wie auch meine Frau Helene – Ihr wart immer Gegner dieses Buchprojekts. Eigentlich könntet Ihr Euch zusammentun und mir die peinliche Arbeit des Gestehenmüssens abnehmen. Ich habe mir in letzter Zeit oft genug überlegt, wie man die doofen Deutschen verteidigt. Nun habe ich zu meiner eigenen Verteidigung nicht mehr viel Lust. Ihr könntet dem Verlag sagen, ich sei über dem deutschen Thema zusehends schwermütig geworden. Zu Eurer großen Sorge hättet Ihr beobachtet, wie ich immer gründlicher in die Tiefe gebohrt hätte. Offenbar hätten mich die deutschen Klischeemerkmale voll infiziert. Ich sei von Tag zu Tag ernster, arbeitsamer, gründlicher, verbissener, pflichtbewußter, zäher, humorloser, irrationalistischer, grüblerischer – eben immer deutscher geworden. Von Nacht zu Nacht ein immer schlechterer Liebhaber. Ein Deutscher wie aus einer Umfrage. Wie es ihn nach den in meinem So-sind-wir-nicht-Buch vertretenen Ansichten gar nicht geben dürfte. Genau der Typus des Deutschen, den ich als ein von den Demoskopen zusammengelogenes Phantom bezeichnet hätte, sei ich geworden. Vollkommen ironieresistent. Es wäre mir gar nicht aufgefallen, wie all die stereotypen Merkmale, von denen ich die Deutschen in meinem Buch doch mit leichter Hand hatte befreien wollen, nun auf mich übergegangen seien. Schließlich hätte mich auch noch die typisch deutsche Ökohysterie gepackt, über die ich mich in meinen guten Tagen immer so erheitert hätte, ich hätte jedes Obst als vergiftet und jeden Sonnenstrahl als gefahrvoll angesehen. In den letzten Tagen hätte ich ständig die Namen Nietzsche, Hölderlin und anderer Verrücktgewordener fast zärtlich vor mich hingemurmelt. Das Entmündigungsverfahren laufe.

Das schreibt Ihr dem Verlag. Damit der nicht auf die Idee kommt, den mageren Vorschuß zurückzufordern, solltet Ihr eine furchterregende finanzielle Androhung mit der Absage verbinden. Schließlich war dieses Deutschlandlob nicht meine, sondern die Idee des Verlags, eine Idee, die sich für mich als teuflisch, ja vernichtend erwiesen hätte, weswegen Ihr die Sache einem amerikanischen Anwalt übergeben würdet, der Erfahrungen im Aushandeln realistischer Entschädigungssummen besitzt. An die Arbeit, Sara, willst Du nicht meine wüste Agentin werden? Im Spätsommer mach ich Dir nähere Angebote.

Freunde meiner Kinder sind vor etwa einer Woche hier vorbeigekommen und haben einen Haufen deutsche Zeitungen mitgebracht. Hast Du in der *Süddeutschen* von diesem amerikanischen Anwalt gelesen, der rassistische Gruppen bekämpft, indem er Zivilklagen mit so brutalen Millionengeldstrafen für sie durchsetzt, oder sie ihnen sogar nur androht, daß er damit schon die militantesten Organisationen zerschlagen hat. Man mokiert sich immer über die Amis, die wegen eines Hustenanfalls von einem Tabakkonzern eine Milliarde einklagen können. Wenn sich dieses wahnsinnige Zivilrecht benutzen läßt, um den Rechtsradikalen ihr nötiges Geld wegzunehmen und sie in den Konkurs zu treiben, werde ich noch zum Fan der amerikanischen Justiz. Dauert natürlich ziemlich lang, diese Art der Schädlingsbekämpfung, ist aber natürlich genial und clever, nicht so schrecklich deutsch, wie die von mir phantasierten Vernichtungsmethoden. In drei Wochen sehen wir uns!

15. August 2000

Lieber Wolfgang,

bin ich nicht zuverlässiger als die privatisierte Deutsche Bahn! Der 15. August war als letztmöglicher Abgabetermin ausgemacht – und ich liefere. Dieser E-Mail-Post ist eine Datei mit einem Text angehängt. Doch bevor Du und Deine Verlagsgehülfen das Kästgen herunterladet, öffnet, ausdruckt und lest, laß Dir bitte das Geständnis eines zerknirschten deutschen Autors machen.

Dies ist die Stunde der Wahrheit: Du wirst nicht den Text vorfinden, den Du und ich erwartet haben. Die verabredeten elf deutschen Eiertänze sind es nicht. Es sind nicht die von mir geplanten brillant funkelnden Essays über alte deutsche Unarten geworden, die ich elegant in neue deutsche Tugenden umdeuten wollte. Mit französisch sprühendem Geist, englischer Lässigkeit, jüdischem Spott, russischer Beseeltheit, spanisch arrogantem Feuer und italienischem Improvisationtalent hatte ich diese Tänze aufführen und mich über die deutsche Schwerfälligkeit erheben wollen: distanziert statt verbohrt, locker statt verkrampft, groß- statt kleinkariert, tänzerisch wirbelnd und nicht deutsch schreitend.

Eine lange Liste von Themen hatte sich im Lauf der Zeit angesammelt. Pointiert, geschliffen, mit doppelt und dreifacher Selbstironie abgesichert, wollte ich zeigen, was in Deutschland und an den Deutschen besser ist als der Ruf. Das Wetter, das Essen, den Humor, das Fernweh, den Tiefsinn, die Touristen, sogar den Wein und meinetwegen auch das in unserer Branche Verschrienste von allen: die deutschen Bundesregierungen und die deutschsprachige Gegenwartsliteratur hatte ich auf den Schoß nehmen, streicheln und sagen wollen: Seht her, so schlimm sind wir nicht! Auf daß die einen oder anderen geplagten Deutschen, die von ihrem Deutschsein, von Deutschland oder von den anderen Deutschen wieder einmal die Nase voll hätten, aus meinen patriotischen Ausführungen die Kraft schöpfen könnten, es am Rhein oder Main, an Spree, Alster oder Isar noch eine Weile auszuhalten.

Wobei ich mir bei den deutschen Touristen wirklich nicht ganz klar bin, ob ich ein Opfer des deutschen Selbsthasses bin – oder des Wunsches, den Selbsthaß zu überwinden. Die Engländer halten die deutschen Urlauber jedenfalls geschlossen für die übelsten Liegestuhlbesetzer von allen, wie ich einer mitgebrachten nicht allzu alten Nummer der nicht unseriösen Zeitschrift *Psychologie Heute* entnehme. Die Kämpfe um die besten Plätze am Rand der Schwimmbecken großer Hotels werden demnach zum Ärger britischer Urlauber stets von den Deutschen gewonnen, mit perfiden Methoden werden die besetzten Stühle auch während des Urlaubs nicht mehr freigegeben. Oder kritisiert der typische Engländer mit diesen Vorwürfen nur seine eigene kolonialistische Vergangenheit? Ist oder war je der deutsche Italienurlauber so grauenvoll erbärmlich, wie von Gerhard Polt, Gisela Schneeberger und Hanns Christian Müller in dem Horrorfilm aus den 50er Jahren »Man spricht deutsh« (sic) dargestellt? Oder ist er so bizarr wie jetzt 2000 in Romuald Karmakars Film »Manila«, ein harter Streifen, der sich den Spaß erlaubt, einen Haufen deutscher (nicht nur Sex-)Touristen zu zeigen, die eine Weile auf dem Flughafen von Manila festsitzen, auf die Maschine nach Hause warten und Zeit haben, ihre deutschen Unarten zu entfalten. Ich fand den Film anstrengend, aber weniger klischeebedienend als die Kritik. Im Gegenteil. Ich fand die Kritik typisch deutsch, die dem Film die typisch deutsche Kritik an typisch deutschen Klischees vorwarf. Die Typen in dem Film waren häßliche Deutsche – aber auf ziemlich individuelle Art, fand ich.

Sind wir so? Ich weiß es nicht. Was heißt wir? Du bist nicht so, Wolfgang, und ich bin auch nicht so. Und unsere Freunde sind alle nicht so. Wer ist denn so? – Das deutsche Publikum im Kino ist auch nicht so. Bei beiden Filmen hat es die Geißelungen des deutschen Touristen mit diskretem Entzücken aufgenommen. Es hat nicht deutsch gebrüllt vor Lachen über sich selbst, sondern zeigte sich amüsiert. Beide Filme bestätigen offenbar die Klischees, die der deutsche Kinobesucher vom deutschen Urlauber hat. Die Wirklichkeit aber ist wieder mal unfaßbar.

Trotz all dieser lieblichen Aspekte hatte ich ja, wie Du weißt, seit langem meine Schwierigkeiten mit dem Stoff. Vor vier Jahren von Deinem Vorgänger Uwe Gruhle angeregt, habe ich das Projekt von Saison zu Saison verschoben, vier- oder fünfmal wohl schon. Nun habt Ihr mich in die deutsche Pflicht und das Buch in Eure Vorschau genommen – und ich kam nicht mehr aus. Was angekündigt ist, muß gemacht werden, es gibt kein Zurück, jedenfalls nicht für einen derart deutschen Mann wie mich.

Ich habe mich also Anfang August nach Italien verzogen, um das Ding hier in zwei Wochen strammdeutsch durchzuziehen. Je heißer es ist, desto flinker kann ich arbeiten. Das habe ich von den Eidechsen gelernt. Doch die altbewährte Methode, mich mit Briefen warmzuschreiben und rasch Zugang zum Thema zu finden, funktionierte diesmal nicht.

Die Glatzen sind schuld, diese gräßlichen Glatzen. Ihre neuerlichen Umtriebe habe ich über die Medien leider auch in Italien mitgekriegt. Natürlich auch die Tatsache, daß das Spießerdeutschland mehr um sein Ansehen in der Welt bangt als um seine Ausländer. Während die Welt gar nicht so genau hingucken wollte (wie ich den ins Internet gestellten Berichten der großen Zeitungen entnahm), war das deutsche Bedürfnis, So-sind-wir-nicht! zu rufen, wieder mal ziemlich vehement.

Paßt eigentlich ideal zum Thema, müßte man meinen. Aber obwohl einem der deutsche Spießermechanismus vertraut ist, mit seiner dauernden Angst davor, nach außen hin einen schlechten Eindruck zu machen, regte mich die ganze Angelegenheit doch mächtig auf, und es verging mir die für das Buch dringend nötige Distanz mitsamt den aufgesparten Anteilen des kostbaren undeutschen Humors. Das Thema Deutschland kann einem ohnehin auf die Nerven gehen, aber jetzt verlor ich meine Contenance.

So sind keine beschwingten Eiertänze entstanden, sondern Briefe über diese Eiertänze und deren Nichtzustandekommen. Ich biete sie Dir als Ersatz an. Wenn Du jetzt sagst: Das war aber nicht abgemacht! Wo bitte ist die Leichtigkeit? Das ist ja schwerdeutsches Bedenkentum! Das will ich nicht! – dann nimm die Briefe nicht. Dann haben wir kein Buch. Noch mal allerdings werde ich mich nicht als Autor über Deutschland hermachen. Nie wieder Deutschland!

Ich glaube, es sind nicht nur die idiotischen Glatzen. Die kamen noch erschwerend hinzu. Es ist auch nicht nur diese historisch bedingte Spezialverkorkstheit Deutschlands. Die ist eigentlich das Interessanteste an unserem Ländchen. Es sind wohl generell die Nationalklischees, von denen man sich als Autor besser fernhalten sollte. Alles Luftballons – aber sie der Reihe nach aufzublasen und dann platzen zu lassen ist auch nicht abendfüllend. Zwei Drittel der Deutschen glauben an die große Liebe, lese ich. Eine typische Umfrageverkündigung wie diese aus dem Sommerloch 2000 ist doch genauso zum Scheißeschreien wie die Sommerlochdiskussion englischer Zeitungen darüber, wie furchtbar es nun sei, daß drei Viertel oder auch ein Viertel der Engländer finden, sie bräuchten keine andere Sprache zu lernen. Gefundenes Futter für die Witze der Harald-Schmidt-Show, macht man sich aber schriftlich über solchen Nationenblödsinn her, verläßt einen das Witzemachen und es packt einen der Verdruß.

Ich habe diese Briefe an meine Leute sehr rasch heruntergeschrieben und kann nicht sagen, ob sie als Ersatz taugen. Es sind zehn und mit diesem an Dich hier elf. Das So-sind-wir-nicht-Buch ist angekündigt als »Elf deutsche Eiertänze«. Ob die elf Briefe über diese Eiertänze als Buch ausreichen, mußt nun Du als Verleger beurteilen. Das typisch deutsch eiernde Argumentieren findest Du auch in den Briefen zur Genüge.

Nicht nichts, aber nur wenig von alldem, was an neckischen Schmähungen und verdrehtem Lob vorgesehen war, hat in die Briefe Eingang gefunden. Natürlich glaubt man immer nur einen Teil von dem, was man sich vorgenommen hat, in einem soeben abgeschlossenen Buch untergebracht zu haben. Wenn es mir nach Abschluß eines Romans so vorkommt, als sei ich ein Drittel von dem, was mir vorschwebte, losgeworden, bin ich zufrieden. Hier habe ich ein Fünf-Prozent-Gefühl. Obwohl mir das eigentlich reicht. Mehr als fünf Prozent meiner diffusen Aussichten über Deutschland und die Deutschen möchte ich gar nicht in Worte gefaßt haben. Denn die Beschäftigung mit diesem Thema macht deutsch. Wenn ich mich mehr damit abgäbe, würde mein von mir so gelobter deutscher Selbsthaß zu einem literarischen. Das kann ich mir nicht erlauben.

Als ich heute nacht mit dem zehnten Brief an Sara fertig geworden war und ich ihn an seine Empfängerin weggemailt hatte, plagte mich Dir und dem Verlag gegenüber ein schlechtes deutsches Gewissen. Gepeinigt wie ein Versager würde ich Dir heute die zehn Briefe als Ersatz schicken und windend um Pardon für meine Themenverfehlung bitten. Doch, erquickt von meinem ersten Dreistundenschlaf seit zwei Wochen, habe ich die Briefe heute früh von vier bis acht Uhr am Stück überflogen und finde, ich kann sie Dir guten Gewissens als Notlösung anbieten. Nur ein paar private Zoten habe ich entfernt.

Sara solltest Du kennenlernen. Sie allein ist drei Bücher wert. Wenn sie ihren Deutschlandekel hat, beschimpft sie die harmlosesten Leute als verkappte Nazis, bloß weil sie von der HEILkraft irgendeiner homöopathischen Medizin sprechen oder davon, daß sie das französische Wort für Dämmerung oder Wüstensand gerade nicht auf LAGER hätten. Worte wie TRANSPORT oder RAMPE sind für sie neben Hunderten anderer nationalsozialistisch belegt. Wer das Wort FREI in Saras Gegenwart in unschuldiger Nähe des Wortes ARBEIT verwendet, der wird sein blaues Wunder erleben. Ich mag ihren Furor und habe ihr vorgeschlagen, ein Dominastudio einzurichten: Vergangenheistsbewältigungsbesessene Deutsche kommen reumütig angekrochen und leisten Abbitte. Kaum entfleucht einem das Wort HYGIENE oder SprachFÜHRER, schlägt der schwarzlederne jüdische Racheengel zu: Was hast du da gesagt, du Hund!? Ich weiß nicht, jammert ihr Kunde, ich habe heute keine KONZENTRATION. Jetzt zischt aber die Peitsche. – Sara meint, nicht so lukrativ, aber befriedigender als ein Dominastudio wäre es, wenn ich mit ihr zusammen ein Theaterstück darüber schriebe. Ziemlich unkorrekte Angelegenheit, aber köstlich inszenierbar. Hast Du Interesse?

Du kannst Dir nicht vorstellen, was ich in den letzten vierzehn Tagen für ein deutscher Durchhaltedichter war. 20 Stunden am Laptop pro Tag. Bloß nicht hinlegen. Das schöne Haus im Süden: eine einzige Vollzugsanstalt. Einfach im Sitzen einschlafen, dann fällt bald der schwere deutsche Kommißkopf herunter. Man erschrickt und denkt: Jetzt ist er ab! Der Schreck macht wieder für zwei Stunden hellwach. Ein einziger Deutschlandfeldzug. Oder ein Blitzkrieg. Und was das Schlimmste ist: Ich schreibe meine Bücher immer so wie jetzt diese Briefe. Auch wenn es nicht um Deutschland geht. Ernst Jünger, den ich verabscheue, hätte an meiner stahlgewitterigen Arbeitsweise seinen Spaß gehabt.

In den ersten Augusttagen hatte ich einen Einfall, der mich zwei Tage zurückwarf. Als ich merkte, daß ich von dem Brieftton nicht weg in den pointiert aufgedrehten Essayton hineinkam und mir gleichzeitig klar wurde, daß die geplanten Eiertänze Plädoyers für einen ungeliebten Mandanten sein würden, erfand ich eine Rahmenhandlung, die mir gleich sehr viel mehr Spaß machte als die Deutschlandverteidigung selbst. Ich wollte eine halbwegs realistische Fiktion. Da besagte Sara nicht die Herrin der Welt ist, wird Deutschland ja nun nicht von der Welt angeklagt. Ich konstruierte daher eine Art Pseudogericht in Form eines Ethnologenkongresses:

Weitgehend unbeachtet von der europäischen Öffentlichkeit, hätte im neuseeländischen Wellington vom 1. bis zum 15. August 2000 ein Völkerkundekongreß besonderer Art stattgefunden, ließ ich in einer Einleitung romantisch verlauten. Die Spielregeln der von verschiedenen Wirtschaftsverbänden finanzierten Tagung seien folgende gewesen: Die Vertreter eines jeden der 27 Teilnehmerländer werden von den Vertretern der anderer Teilnehmerländer mit allen erdenklichen Vorurteilen zu ihrem Herkunftsland konfrontiert und haben die Möglichkeit, zu diesen bewußt klischeehaften Vorurteilen Stellung zu beziehen. Vor allen in der angelsächsischen Ethnologie ist die Erforschung der Bildung von Vorurteilen und Stereotypen eine beliebte Disziplin. Die neuseeländischen Veranstalter erhofften sich durch die tribunalartige Vorgehensweise eine dynamische Tagung und aufschlußreiche Ergebnisse. Ein Wettkampf im Abwehren von Klischees. Genau die richtige Einstimmung für die Olympiade im unweiten Sydney.

Die zu der Tagung eingeladenen deutschen Ethnologen, Kulturanthropologen, Volkskundler und Völkerkundler hätten allesamt kurzfristig und aus privaten Gründen abgesagt, behauptete ich weiter. Inoffiziell kursiere in Wellington die Vermutung, daß keiner von ihnen Lust gehabt hätte, nicht einmal spielerisch, sein Land gegen die typischen Anschuldigungen von außen in Schutz zu nehmen: »Ich werde den Teufel tun und die bekloppten Deutschen loben! Nachher stehe ich als das letzte nationalistische Arschloch da!« Dieser Satz aus dem Mund eines deutschen Professors werde in Wellington nicht ohne Wohlwollen und Amüsement kolportiert, behauptete ich in der Vorrede.

Da auch Schriftsteller in der Lage sein sollten, etwas zu ihrem Land zu sagen, hätten sich die Veranstalter in aller Eile um einen deutschen Autor bemüht. Am Tag vor meinem Aufbruch in die verdienten Ferien nach Italien hätte mich die Anfrage aus Wellington erreicht. Wieder einmal hätte ich meine Ehe aufs Spiel gesetzt und Italien abgesagt. Maulend hätte meine Familie die eben fürs Mittelmeer besorgte Sonnenschutzcreme mit dem Faktor 8 gegen Tuben mit dem australischen Standardfaktor 48 umgetauscht und mir gedroht, ich sei schuld, wenn sie unter dem Ozonloch umkämen. Der Deutsche und die Angst, hätte ich gedacht.

So sei ich nach Wellington gereist, um stellvertretend Deutschland und die Deutschen, die ich wie jeder wohlmeinende Intellektuelle seit Jahren attackierte, einmal verteidigen zu müssen. Abwechslung sei gut für den Verstand. Zudem hätte mich der Grund erheitert, warum man auf mich gekommen war und nicht auf einen anderen meiner vieltausend Kollegen. Die immerselben, auch in Neuseeland bekannten Typen, die auf Einladung des Goetheinstituts ständig um die Welt kurvten, seien den Veranstaltern »zu hermetisch«, wie sie mir verraten hätten. Das habe mir gefallen. Noch entzückender allerdings, was dann ans Licht gekommen sei: Durch einen logistischen Computerfehler der Spedition beim Auswanderungsumzug eines mir unbekannten Verlagsangestellten seien vor einigen Jahren nicht zwei, sondern 2000 Exemplare eines meiner Romane in Neuseeland gelandet. Zum Zurückschicken zu teuer, zum Verklappen zu schade, hätte man sich entschieden, die Bücher auf alle Schulen Neuseelands zu verteilen, wo Deutsch gelehrt und gelernt wird. Durch diesen wundersamen Zufall sei ich der bekannteste und tatsächlich meistgelesenste deutsche Autor auf der großen Insel östlich Australiens.

Die verwunschene und schmeichelhafte Fiktion dieser Vorrede ließ mich nicht los. Nun würde ich meine Eiertänze aus der bequemen Rolle eines mißlaunigen Pflichtverteidigers heraus schreiben, der für ein passables Honorar sogar einen Kretin wie den Deutschen vertritt. Die Plädoyers könnte ich als elf Tagungsbeiträge ausgeben, die ich vorab zur Veröffentlichung freigegeben hätte, da es noch eine Weile dauern werde, bis dic geplante mehrbändige Dokumentation der Tagung herauskäme. Ich begann zu schreiben und stellte fest, daß mir die Rahmenhandlung das schönste Schwänzen des Themas erlaubte. Der Kongreß, behauptete ich, sei von einem Zigarettenkonzern namens Southern Tobacco finanziert worden, den man als offiziellen Sponsor der australischen Olympiade natürlich nicht zugelassen hätte. Einige nichtrauchende Ethnologen seien unter Protest abgereist, was mich zu einer großen Hymne auf das Rauchen in Deutschland veranlaßt hätte, wo jeder das Recht habe, seine Gesundheit nach Herzenslust zu ruinieren. Wie sehr der deutsche Militarismus zurückgegangen sei, könne man auch an der vergleichsweise geringen Militanz der deutschen Nichtraucher erkennen.

Ich ließ meine eiernden Verteidigungsreden von Tagungsteilnehmern mit rüden Zwischenrufen unterbrechen und verliebte mich dabei in Ethnologinnen aus Jordanien, Israel und Uganda. Im Hotelzimmer Frau und Kinder. Traumhafte Konflikte. Angesichts dieser bezaubernden Ethnologinnen bin ich von Vortrag zu Vortrag mehr außerstande deren Attacken auf die Deutschen abzuwehren …

Am 6. August um 3 Uhr 57 in der Nacht, wie mir eine Datei meines Laptops mitteilt, habe ich mich, mitten bei einem Hoteldrink mit der Frau aus Jordanien, von dieser verlockenden Rahmenhandlung verabschiedet, weil mir klar wurde, daß es ein Roman werde, in dem Deutschland selbst kaum noch eine Rolle spielen würde – ein amüsantes Buch, das aber im Gegensatz zu den Briefen über Deutschland, die ich Dir nun ersatzweise anbiete, eine glatte Themaverfehlung geworden wäre.

Genervt von der wenig verlockenden Aussicht, in meinem So-sind-wir-nicht-Buch der Reihe nach alberne, unüberprüfbare Klischees von den deutschen, unverbesserlichen Spießern widerlegen zu müssen, die zwar keine Gartenzwerge mehr aufstellen, aber angeblich als erstes Zäune um ihre Gärten errichten, hatte ich übrigens von Anfang an vor, auch ein paar anspruchsvollere Vorurteile abzuklopfen und zum Beispiel das von den meisten deutschen Feuilleton-Berufs-Debattierern als typisch deutsch geschmähte Debattieren zu loben. Historikerstreit, Genforschungsgezeter anläßlich der Sloterdijk-Provokationen und natürlich der urdeutsche Buber-Walser-Zoff.

Auch diese etwas ernsthafteren Komplexe haben mich nicht so recht zum geplanten Eiertanzen gebracht, auch daran sind die Glatzköpfe schuld, die mir nun schon genug deutschen Ernst in meine Tänze zu bringen drohten. Da wollte ich nicht auch noch mit der deutschen Debattenmanie mitsamt dem albernen deutschen Kopfschütteln über diese Debatten daherkommen. Auch dafür wünsche ich den Glatzen den Teufel an den Hals, bezeichne sie abermals als Ungeziefer und rufe nach einem schnell wirkenden Schädlingsbekämpfungsmittel – und lasse mich von aufrechten Demokraten dafür einen menschenverachtenden Wirrkopf nennen.

Der Historikerstreit, der in den 80er Jahren in den Feuilletons tobte und für jede Menge Empörung sorgte, schien ja schon ausgestanden und selbst längst historisch zu sein, als im Sommer 2000 einem seiner Anzettler und Aufheizer, Nolte heißt die greise Type glaube ich, eine obskure Auszeichnung für seine wissenschaftlichen Verdienste zugeschoben wurde: Adenauer-Preis einer Stiftung, die man als ultrarechts bezeichnen kann, ohne daß die Stiftungsleute protestieren, weil sie die stramme Bezeichnung vermutlich als Lob empfinden. Ein Skandal. Und noch skandalöser, daß einer der Schüler Noltes, längst Professor selbst und nicht schlecht beleumundet, zugesagt hatte, eine Laudatio auf den durchgeknallten Preisträger zu halten. Alle Feuilletons waren sprungbereit. Die Rede war natürlich ein klassischer deutscher Eiertanz, denn der Redner wollte dem Lehrmeister bei diesem Anlaß nicht in den Rücken fallen und gleichzeitig seine eigene Haut retten. Es scheint ihm, laut Feuilleton-Beobachtung, nicht gelungen zu sein. Wieder mal wurde ein Ansehen beschädigt. Diesmal das des Instituts, dem der Lobredner vorsteht. Und auch das Ansehen der deutschen Historiker. Der Redner selbst hat sich zunächst mal ins Abseits gebracht und verdächtig gemacht.

Du siehst, lieber Wolfgang, Eiertänzer leben gefährlich! Was, wenn Du meine Briefe druckst, und das Feuilleton kommt daher und behauptet geschlossen: Autor und Verlag hätten ihrem Ruf damit keinen Gefallen getan! Wer hat dann den größeren Schaden, Ihr oder ich? Ha, wir riskieren womöglich etwas! Was sind wir Deutschen kühn!

Noch mal zum Historikerstreit, weil der schon auch in mein Buch hineingehört hätte. Er ist auf sehr viel spannendere Art typisch deutsch als die bekackten ICE-Verspätungen oder Dackel oder Gartenzwerge – die übrigens aus der Türkei kommen sollen, wie mir eine deutsche Türkin erzählte, die hier in der Nähe mit einem deutschen Perser Ferien macht und der ich von meinem geplatzten Deutschlandbuch erzählte. Die beiden lachten sich schief über meinen typisch deutsch-hysterischen Zorn auf die Sommerloch-2000-Neonazis, der mich aus dem Konzept gebracht hätte, und ich war froh, daß kein deutscher Gutmensch anwesend war, der jetzt die Geschmacklosigkeit besessen hätte, naseweis und sorgenschwer den zeternden Bert Brecht zu zitieren: Der Schoß ist fruchtbar noch ... Komisch, daß ein ideologisch nicht unvernünftiger Mahnsatz einem derart widerlich werden kann.

Der Historikerstreit: Wie ich die Professoren kenne, nicht nur die deutschen, trieb sie damals vielleicht nicht einmal primär rechte Gesinnung, sondern der Wunsch, wissenschaftlich von sich reden zu machen, zu der krausen These, Hitler sei als eine Antwort auf Stalin zu verstehen.

Interessant für mein oder unser Deutschlandbuch ist, daß auch diese Deppen aus einem So-sind-wir-nicht-Impetus heraus ihre groteske Theorie entfalteten und martialisch verteidigten: Seht her, wir waren gar keine Angreifer damals, wir haben uns nur gegen den drohenden Bolschewismus schützen wollen! Ohne auch nur einen Schimmer von historischem Detailwissen zu haben, maße ich mir an, diese Deutung für den Stammtischeinfall von akademischen Biersäufern zu halten.

Noch interessanter als der hirnrissige Professorenstuß der 80er Jahre waren damals die Reaktionen darauf. Der Stuß selbst mag dumm, wichtigtuerisch und reaktionär gewesen sein, Blödsinn, wie er immer und überall von karrieregeilen Wissenschaftlern verzapft wird. Die Reaktionen aber waren nicht normaler internationaler Standard, sondern – typisch deutsch und verbissen. Und sie konnten nicht anders sein. Ich gehe so weit zu behaupten: Selbst wenn irgend etwas an den Positionen der rechten Historiker dran gewesen sein sollte, hätte man das nicht akzeptieren können. Das ungeschriebene und von fortschrittlichen Deutschen verinnerlichte Gesetz, daß das von 1933 bis 1945 extrem abartige Deutschland nach 1945 extrem artig zu sein habe, erlaubte keinen Gedanken, der Hitler und Nazideutschland auch nur eine Spur entschuldigen könnte. Der wütende Aufschrei von Jürgen Habermas gegen die Hitler-ist-Antwort-auf-Stalin-These mußte damals kommen. Und ich finde ganz im Ernst: Genau das ist gut an Deutschland. Und daß heute, fast fünfzehn Jahre später, mit derselben Wut gegen den senilen Noltedepp und seinen auch nicht ganz dicht sein könnenden Lobredner Front gemacht wird, finde ich auch gut.

Hitler ist die säkularisierte Erbsünde der Deutschen, und der Glaube an das neue Deutschland fußt so fest auf dieser Erbschuld, daß diese keineswegs weggenommen oder auch nur verkleinert werden darf. Das ist von einer satirischen Perspektive aus zwar etwas lächerlich, aber unsatirisch gesehen ist es ganz in Ordnung. Kein bißchen Pardon für die Nazizeit, basta! Nach meinem Wertsystem ein Pluspunkt für Deutschland.

Verschiedene Nationen haben verschiedene Heiligtümer. Offenbar geht es nicht ohne. Für islamische Staaten ist allen Ernstes Allah noch heilig. Wahnsinn! Salman Rushdie hat das erfahren müssen. Können wir uns in den christlichen Gesellschaften gar nicht mehr vorstellen, wo es längst gang und gäbe ist, Gott und seine Bande zu lästern und über den Papst die unanständigsten Witze zu machen. – Für nicht wenige Idioten auf der Welt, auch ein paar Tausend deutsche, ist die Nation immer noch heilig. Der Ami, auch der Franzmann wedelt völlig unbefangen mit seiner Fahne. Eine weltberühmte schwarze Opernsängerin, Jessy Norman glaube ich, sang vor einigen Jahren zu einer nationalen Jubelfeier in Paris die Marseillaise – in die Trikolore gehüllt. »Wie selbstverständlich, wie unverkrampft die Franzosen doch sind«, seufzt der Neudeutsche neidisch und merkt nicht, wie gaga das ist. Sicher hast Du unter anderem auch eine Verteidigung des neuen deutschen Schlagers gegenüber dem alten erwartet, lieber Wolfgang (und nichts wäre leichter, als Gaga und Plemplem und Dada gegen Herzschmerz auszuspielen), aber ich will nicht auch noch das deutsche Musikwesen und die deutsche Schlagerbranche in Schutz nehmen. Wenn hier jemand das Deutschlandlied unparodierend in einem schwarzrotgüldenem Kostüm sänge, wäre jedenfalls eine Revolution fällig, zumindest eine Feuilletondebatte. Und es wäre gut so.

Den Neudeutschen ist in einer paradoxen, aber verständlichen Verrenkung nichts mehr heilig als die Schuld ihrer Väter. Diese Monstranz ist tabu. Ohne die hier eingekapselten Leiden und Verbrechen sind die gebetsmühlenartig hervorgebrachten Bitten um Erlösung nicht möglich. Vergangenheitsbewältigung gehört zur nationalen Identität des neuen Deutschland und ist sakrosankt. Ein guter Neudeutscher ist in diesem Punkt extrem sensibel und reagiert auf jede unbedachte und verharmlosend klingende Äußerung wie eine muselmanische Furie auf eine scheinbar blasphemische Bemerkung gegen ihren geliebten Allah. Verrückt! Aber auch das gefällt mir an den Deutschen. Besser diese Hysterie als der selbstgefällige, ungebrochene Nationalstolz oder Religionsstolz der – Achtung: unterentwickelten Völker.

Auf Grund dieses irrationalen und trotzdem vernünftigen Schuldbedürfnisses der Deutschen haben sich auch andere Debatten entzündet. Als Martin Walser 1998 in seiner Rede zur Verleihung des Friedenspreises des deutschen Buchhandels unversehens behauptete, man müsse nicht jede Dokumentation über Nazigreuel im Fernsehen angucken, man müsse das Recht haben, auch einmal wegzusehen – da war absehbar, daß diese lästerliche Forderung zu einem Aufschrei mit anschließender Debatte führen mußte. Walser hatte sich versündigt. Er hatte die deutsche Erbsünde und die Strafandrohungen der deutschen Hölle nicht ernst genug genommen. Das war ein Anschlag auf ein nationales Heiligtum. Das sah verdächtig nach einem Schuldverkleinerungsversuch aus. Die Worte waren ein bißchen arg deutsch und trotzig polternd aus Walsers Mund gekommen, die Formulierungen waren nicht nur unglücklich, sondern auch so altdeutsch gestanzt. Trotzdem habe ich in privaten Diskussionen über Walsers Schandtat eine Weile zu ihm gehalten. Du kannst Dir vorstellen, was ich mir in der Zeit von Sara anhören mußte! Als der Streit durch Walsers Sturheit immer deutsch verbohrter wurde, rückte mir sein erbitterter Kontrahent Ignatz Bubis schließlich näher, der in diesem Streit übrigens die Notwendigkeit gelegentlichen Wegsehens von den Greueln der Vergangenheit gerade auch für Juden hervorhob. Wobei es natürlich ein Unterschied ist, ob sich Angehörige eines Tätervolks oder eines Opfervolks das Wegsehen erlauben.

In 2000 Jahren wird man auch in Persien Allah mitsamt Mohammed den Teufel an den Hals wünschen dürfen, ohne verfolgt zu werden, und in 100 Jahren kann man vermutlich in Deutschland öffentlich gestehen: Ich habe einmal im Fernsehen bei einem Film über die Greuel der Nazis weggesehen, bin aber trotzdem kein Nazi. Walser hat die Lage falsch eingeschätzt. Genervt vom Zwang zur politischen Korrektheit, wollte er mit ein paar Unkorrektheiten provozieren. Das war noch zu früh. Sechs Millionen ermordete Juden hinterlassen eine große Wunde. Die ist verständlicherweise noch nicht verheilt. Man ist empfindlich, wenn einer mit dem Heftpflaster kommt. Als es nach der Rede Ärger gab, wurde Walser bockig, und die Debatte war da. Auch seine Rede war ein deutscher Eiertanz. Der Tanz mißlang, weil er diese korpulente Das-wird-man-doch-wohl-noch-sagen-dürfen-Haltung einnahm. Der anschließende Walser-Bubis-Streit zeigt, wie man beim Eiertanz zu Fall kommen und sich bekleckern kann. Obendrein dürfte an falschem Beifall für Walser einiges zusammengekommen sein.

Mitte der 80er Jahre habe ich mal einen Essay über das Wegsehen geschrieben. Wenn ich den Text heute bei einer Preisverleihung vortrüge, würde man mich vermutlich steinigen. Zum Glück gehöre ich nicht zu den Autoren, denen man Preise zukommen läßt. Wird man nicht so gepriesen, kann man sich mehr leisten – ein großer Vorteil.

Ich fische gerade mal den alten Essay aus meiner Festplatte. Ich weiß noch, was der Anlaß für mich war, ihn zu schreiben: Ich hatte bei einem Bekannten angerufen, um ihm etwas Lustiges mitzuteilen. Der ließ meine gute Laune aber nicht an sich heran. »Was hast du denn?« fragte ich. – »Es läuft gerade eine Folge von Lanzmanns ›Shoa‹ im Fernsehen«, sagte er streng, »siehst du das denn nicht!?« Er sprach zu mir wie zu einem bösen Kind. Darauf setzte ich mich hin und schrieb einen Selbstverteidigungstext und nannte ihn »Warum ich meine Vergangenheit trotzdem bewältige«. Kleine Kostprobe:

Wie es manische Arbeiter gibt, so gibt es auch manische Trauerarbeiter. Je mehr Leute die Sünden ihrer Väter vergessen, desto mehr knien sie sich bewältigend in die Vergangenheit. Sie kommen einfach nicht los von den gottverdammten Nazis. Sie lesen jedes neue Buch über den Reichstagsbrand und sämtliche KZ-Berichte. Tausende von Seiten. Was wollen sie denn noch rauskriegen? Das Wesentliche, daß furchtbare Schweine am Werk waren, vergißt der Historiker nämlich rasch, sobald er in einem Archiv ein bisher unbekanntes Telegramm von Goebbels an Himmler entdeckt. Die Aufarbeiter haben natürlich die Moral und die gesamte Psychoanalyse hinter sich, denn sie verdrängen ja nicht das Entsetzliche, sondern setzen sich unentwegt damit auseinander. Wenn es Künstler sind, dann machen sie mit jedem ihrer Bücher, Bilder, Theaterstücke und Inszenierungen die Problematik der Nazivergangenheit gegenwärtig. Sie sind vorbildlich. Bei der weitverbreiteten Unfähigkeit zu trauern ist das ein Lichtblick. Daher will ich mich hüten, etwas gegen die emsigen Aufarbeiter der Vergangenheit vorzubringen, merke nur kleinlaut an, daß ich mir gegenüber ihrem Trauerfleiß manchmal vorkomme wie ein Luftikus, ein Faulpelz, ein Schuldschwänzer.

Na, und so weiter. Der viele Seiten lange Text geht inhaltlich ein bißchen in die Walser-Richtung. Der Stil ist natürlich leichter. Ich fordere darin ein Recht auf Schwänzen der Vergangenheitsbewältigung. Man könne auch übertreiben, heißt es. Wenn man sich eine gewisse Anzahl schrecklicher KZ-Dokumente zugeführt habe, müsse man als normaler Mensch immunisiert sein. Wer immer wieder frische Antikörper-Spritzen brauche, mit dessen Immunsystem könne etwas nicht stimmen. Am Schluß des Textes führe ich dann Vergangenheitsbewältigung nach meinem Geschmack vor: Selbst nicht mit einem Nazivater gestraft, erkläre ich Gottfried Benn und Knut Hamsun zu meinen literarischen Vätern, zwei Autoren, die ich gerne lese – und dafür hasse, daß sie die Nazis nicht als das erkannt haben, was sie waren. Am Schluß habe ich zwei nihilistische Weltekel-Passagen von Benn und Hamsun in ihrer Sprache in zwei Anti-Nazi-Passagen umgeschrieben und beklage mich bei den beiden Autoren, daß sie ihre Sprachkraft nicht in dieser Richtung ausgenützt, daß sie ihre Aversionen nicht gegen die richtigen Gegner ausgetobt haben.

Der Essay erschien in einer Zeitschrift, er ist später sogar in einem meiner Bücher gelandet (»Warum ich trotzdem Seitensprünge mache«). Ich halte ihn für einen meiner wenigen wirklich originellen Texte – aber er hat weder ein Lachen noch ein Stirnrunzeln erzeugt. Du kannst Dir vorstellen, Wolfgang, was ich von den Damen und Herren des deutschen Feuilletons halte.

Die deutsche Literaturkritik zu loben wäre natürlich geil, aber ich bin dazu leider nicht groß genug. Es sind Dackel, und ich habe keine Lust, das hämisch zu einer Qualität emporzuschreiben. Sie schnüffeln in dunklen Ecken und wedeln aufgeregt mit dem Schwanz, wenn ihr geliebter Peter Handke oder Botho Strauß Käse schreiben oder Martin Walser unpassende Sachen sagt. Wenn Günter Grass den Nobelpreis kriegt, geraten sie aus dem Häuschen vor Empörung und kläffen hell. Grass spricht die Worte »Scham« und »Schande« zu wichtig aus. Er gehört zu den Mahnern und Warnern – und die mag das Feuilleton nicht. Die deutsche Spaßgesellschaft gefällt ihnen auch nicht. Sie wissen selbst nicht, was sie mögen. Sie mögen weder den deutschen Witz noch den deutschen Ernst. Über den Stil von Grass rümpft das Feuilleton die Nase, obwohl andere Nobelpreisträger auch nicht toller schreiben. Hat Doris Lessing nicht mal den Nobelpreis bekommen oder so ein fader Typ mit einem Roman, der »Der Herr der Fliegen« hieß? Das war doch alles völlig ungenießbar. Dagegen ist Grass doch einsame Spitze. Aber nein, man mäkelt. Vielleicht ist es ja so, daß das deutsche Feuilleton meint, es sei zu nationalistisch, wenn man die Vergabe des großen Preises von Stockholm an einen Deutschen billigt. Obwohl ich viel Sympathien für antinationale Wallungen habe, fände ich diese doch etwas verfehlt.

Vielleicht ist der Deutsche doch kein Dackel, sondern mehr ein gackerndes, scharrendes, mißgünstig seine Artgenossen weghackendes Huhn. Oder eine blöde Perfektionistensau, der nichts recht ist. Wenn ich mir überlege, wie seit Jahrzehnten alle zusammen mehr noch als auf Günter Grass auf Rolf Hochhut einhacken, wie jedes Stück, jedes Buch dieses Autors als mißlungener Schmarren bezeichnet wird. Lieber Himmel, ist das kleinlich. Bloß, weil der Mann vielleicht nicht die elegantesten Sätze schreibt. Stimmt schon. Dafür hat er ein Stück namens »Der Stellvertreter« geschrieben, in dem er den späteren Papst Pius XII. als ganz besonders üblen Kollaborationsfinger entlarvt, als fieses und feiges Schwein. Er hat das Ansehen dieses falschen Heiligen in den verdienten Schmutz gezogen. Bravo. Später hat Hochhut ein anderes Schwein namens Hans Filbinger sozusagen in Stücke geschrieben. Der klappäugige Schleimsack hatte als Nazi-Marinerichter kurz vor Kriegsende noch ganz schnell ein paar Deserteure hinrichten lassen, was die emsigen Schwaben nicht hinderte, den Mann zum Landesvater zu wählen. Den Filbinger hat Hochhut mit einfachen Worten abgeschossen. Noch mal: Bravo. Aber das deutsche Feuilleton gackert, daß die deutsche Literatur keine Wirkung habe, anstatt die Größe zu besitzen, für Hochhut ein Denkmal zu fordern. Man sollte besser schreiben als er, aber seine Wirkung war wunderbar und ist vorbildlich.

Doch lieber kniet das deutsche Feuilleton vor den riesigen Deutschlandbildern Anselm Kiefers nieder. Hier hat man Deutschland pur und vielleicht auch die Kritik daran. Germanisch raunen die bleiernen Wälder. Das Zeug hat der amerikanische Kunstmarkt abgesegnet, die Amis wissen, wie man mit deutschen Devotionalien Geld verdient. Doch mir ist Hochhut mit seinen angeblich schlechten Stücken lieber als Kiefer mit seinen angeblich guten Bildern. Die haben vielleicht bewirkt, daß ein paar schwache Kunstkritiker vor Begeisterung in Ohnmacht fielen – leider sind sie wieder aufgewacht und haben weitergeschrieben. Politiker und Päpste zu beschädigen ist für mich die höhere zeitgenössische Kunst.

Und wenn die Deutschen mal einen wirklich ganz geistvollen und obendrein verständlich formulierenden Philosophen wie Peter Sloterdijk haben, ist ihnen der auch nicht recht. Der streifte im Sommer 1999 bei einem Vortrag die philosophischen Aspekte der Genforschung und ließ in diesem Zusammenhang das unsympathische Wort »Menschenpark« fallen. Schon heulten die Wächter der heiligen deutschen Schuld auf, der Philosoph wurde zum Unhold erklärt und sein Denken in die Nähe der rassistischen Züchtungsphantasien der Nazis gerückt – obwohl man froh sein könnte, einen so kecken und amüsanten Denker zu haben. Man sollte sich lieber vergegenwärtigen, wie viele Philosophie-Hochschullehrer langweiliges, unnützes, wirkungsloses und unverständliches Zeug absondern, das nicht die geringste Provokationskraft hat, und die dafür madig von Steuergeldern leben. Na gut, so sind wir eben, wir passen auf, daß keiner ein falsches Wort sagt, auch wenn dieses Wort vielleicht ganz witzig ist. Mich kann die Genforschung nicht erschrecken, denn ich finde, die Menschheit der Wohlstandsnationen ist sowieso schon domestiziert und wandelt, von der Werbung und den Medien abgerichtet, in einem Park herum – mit einigen von ihnen kann man sich immer noch ganz gut unterhalten, in manche kann man sich sogar verlieben, was will man mehr.

Meine Vision von einem ganz speziellen Menschenpark findest Du in dem Brief an meine Kinder vom 8. August: die Politiker im Nationalpark eingesperrt. Ein traumhafter Gedanke. Ein paar der in meinen Briefen geschilderten Visionen habe ich versucht, in kleinen dilettantischen Zeichnungen festzuhalten. Ästhetisch eine ziemliche Katastrophe. Ich hatte Dir ursprünglich diese Bleistiftbildchen mit den Briefen anbieten wollen, mit der Frage, ob Du sie nicht in das Buch mit aufnehmen willst, nicht, weil sie so gut sind, sondern, damit das Buch ein bißchen komischer und leichter und lustiger wird – mehr in der Richtung, wie Du es vielleicht erwartet hast und wie es zu Eurem Verlag besser paßt, der ja wohl, wie mir jetzt erst auffällt, den deutschesten aller Namen trägt: Eichborn – dagegen klingt die »Deutsche Verlags Anstalt« ja noch harmlos. Andererseits klingt »Eichborn« irgendwie nach Asterix – Asterix, der sich in einem germanischen Eichenhain ein deutsches Wildschwein brät. Es klingt nach Comic – natürlich auch, weil ihr Comics macht.

Also würden meine komischen Krakeleien vielleicht ganz gut in das Buch eines Verlags passen, dachte ich, in dem Walter Moers es fertigbringt, mit Hitler ziemlich komisch Schlitten zu fahren. Ich werde Dir diese Zeichnungen aber nicht schicken. Sie sind einfach zu stümperhaft. Aber das ist nicht der Hauptgrund. Auch wenn sie gelungen wären, wollte ich nicht. Das Komisch-Karikaturhafte würde manche meiner härteren Passagen aufweichen. Mit Sprache kann man komischerweise gemeiner sein als mit Bildern. Nimm den berühmten Höllensturz von Luca Signorelli an der Kathedrale von Orvieto: die schlimmsten Foltern, aber es läßt einen eher kühl. Das Fresco ist albern und nicht schrecklich. Wenn ich in meinen Briefen beschreibe, wie man die Glatzen oder die verantwortlichen Politiker oder Birgit Breuel beseitigen könnte, dann dürfte das zwar auch niemanden erschrecken, aber es hat noch ein bißchen was Unerlaubtes, wenn ich einen Neonazi mit oder ohne Haare als lebensunwerten Schädling bezeichne und nach Ungeziefervernichtungsmittel rufe. In der Karikatur ist mehr erlaubt, deswegen wirkt sie nicht so. Ich täte meinem Buch, falls Du es denn überhaupt machst, damit keinen Gefallen.

Natürlich fällt mir der Verzicht nicht ganz leicht. Die Krakeleien taugen nichts, aber die Untertitel dazu gefallen mir: »Birgit Breuel bei ihrer Festnahme wegen betrügerischen

Konkurses am letzten Tag der Expo im Christpavillon.« Dazu habe ich das massige deutsche Weib zu zeichnen versucht, wie es vor einem häßlichen Kreuz kniend Buße tut. Im Hintergrund das Ausstellungsgelände menschenleer. Kein einziger Besucher. Nur zwei Polizisten warten neben der grünen Minna mit Handschellen auf die kriminelle Dame. – Oder: ein Vater mit zwei kleinen Kindern vor einem altmodischen Tierschau-Käfigwagen, in dem Kohl, Stoiber, Koch und Biedenkopf zu erkennen sind … Ein Kind fragt: »Und wo ist Schily?« Der Vater: »Der SPD-Wagen kommt nächste Woche.«

Oder: »Sara als schwarze Python erledigt einen kapitalen Skin.« Hat mir schon Spaß gemacht, mit dem Bleistift den fetten Kahlkopf von meinem schönen Schlangenweib genüßlich erdrosseln zu lassen. – Oder die Schlacht von Eberswalde – am Morgen danach: Ein wüstenartiges Feld, und Hunderte von Springerstiefelbeinen ragen aus der Erde. Dazu der Text: »Zwei Hundertschaften der neuen schönen schnellen Eingreiftruppe der Bundesfrauenwehr ist es gelungen, die letzten 800 deutschen Neonazis plattzumachen. Gute Arbeit! Die unfähigen ostdeutschen Hilfskräfte hingegen waren nicht in der Lage, die Leichen fachgerecht zu vergraben.«

Schluß mit Deutschland, lieber Wolfgang, ich will nicht mehr. Mein Karton mit Hunderten von Zeitungsausschnitten zum deutschen Wohl und Wahn und Weh fliegt jetzt unbesehen weg. Mach, was Du willst mit den Briefen, nein, entschärfen darfst Du sie nicht. Ich jedenfalls fahre jetzt zum Schwimmen ans Meer.